Norbert Greinacher
Der Schrei nach Gerechtigkeit

SERIE PIPER
Band 643

Zu diesem Buch

Theologie hat in ihrer ganzen Geschichte eine politische Dimension gehabt; schon immer standen Sache und Person des Jesus von Nazareth mitten in der politischen Wirklichkeit, weil sie den Menschen radikal – von seinen Wurzeln her – befreien wollen. Wenn die Theologie auch heute diesem Anspruch gerecht werden will, muß sie eine prophetische politische Theologie sein: Wie die biblischen Propheten müssen christliche Theologen überall dort ihre Stimme erheben, wo Menschen sich selbst entfremdet werden. Norbert Greinacher, einer der profiliertesten deutschen Theologen, versucht in dieser Sammlung von Reden, Aufsätzen und Predigten, sich den Herausforderungen der Theologie der Befreiung für die Christen der »Ersten Welt« zu stellen und Elemente einer solchen prophetischen politischen Theologie zu entwickeln. Er zeigt dabei, daß die Themen der Zeit immer auch christliche Anliegen sein müssen: »Christliche Theologie, wenn sie versucht, über Gott und die Welt und die Menschen zu reflektieren, muß eine unerbittliche prophetische Kritik an der heutigen politischen und ökonomischen Situation beinhalten ... Es geht darum, die gegenwärtigen politischen und ökonomischen Bedingungen zu verändern, um der Herrschaft Gottes einen Zugang zu eröffnen.« (Greinacher)

Norbert Greinacher, geb. 1931 in Freiburg/Brsg. 1950–55 Studium der Theologie und Philosophie an der Universität Freiburg und am »Institut Catholique« in Paris, Promotion 1955. Nach der Priesterweihe 1956 in der Seelsorge tätig. 1966 Habilitation, seit 1969 Professor für Praktische Theologie an der Universität Tübingen. *Veröffentlichungen* u. a.: Einführung in die praktische Theologie, 1966, Die Kirche der Armen (1980, ³1985), Der Konflikt um die Theologie der Befreiung (1985).

Norbert Greinacher

Der Schrei nach Gerechtigkeit

Elemente einer prophetischen politischen Theologie

Piper
München Zürich

Von Norbert Greinacher liegen in der
Serie Piper bereits vor:
Die Kirche der Armen (196)
(Hrsg., zusammen mit H. Küng:)
Katholische Kirche – wohin? (488)

ISBN 3-492-10643-9
November 1986
Originalausgabe

Umschlag: Federico Luci,
unter Verwendung eines Holzschnitts
von Jakob Steinhardt
Foto Umschlagrückseite: Manfred Grohe
Gesamtherstellung: Clausen & Bosse, Leck
Printed in Germany

Inhalt

Vorwort

Theologie hat in ihrer gesamten Geschichte schon immer eine politische Bedeutung gehabt. In dem Bemühen, die Sache des Jesus von Nazareth heute ernsthaft zu reflektieren und glaubwürdig zu bezeugen, muß sie eine prophetische politische Theologie sein.

In diesem Buch wird versucht, sich den Herausforderungen der Theologie der Befreiung für die Christen in der »Ersten Welt« zu stellen und Elemente einer prophetischen politischen Theologie zu entwickeln.

Die Beiträge dieses Buches verdanken ihr Entstehen meistens einem konkreten »Sitz im Leben«. Sie gewähren so einen gewissen Einblick in die Werkstatt eines Theologen.

Surlej im Engadin, 23. März 1986 *Norbert Greinacher*

Einleitung

Der Schrei nach Gerechtigkeit

Im Buch Exodus des Alten Testamentes lesen wir: »Nach vielen Jahren starb der König von Ägypten. Die Israeliten stöhnten unter der Sklavenarbeit und schrien, und ihr Schrei wegen der Sklaverei drang empor zu Gott. Und Gott hörte ihren Schrei, und Gott gedachte seines Bundes mit Abraham, Isaak und Jakob« (2,23 f.).

Dieser Schrei nach Gerechtigkeit ist in den Büchern des Alten und Neuen Testamentes immer wieder zu hören. Er entstand in einer Situation der Unterdrückung und Ausbeutung des israelitischen Volkes und wendet sich an den gerechten Gott mit der Aufforderung, Recht zu schaffen. So heißt es im Buche Ijob 34,28: »So läßt Gott der Armen Geschrei zu sich kommen, und er hört das Geschrei der Gebeugten.«

Dieser Schrei wird aber auch ausgestoßen von einzelnen verfolgten und unterdrückten Menschen, die sich in ihrem Leid und in ihrer Not an Gott wenden. Für die vielen armen und rechtlosen Menschen stehen sehr oft – sozusagen stellvertretend für all die vielen Marginalisierten – die Fremden, die Witwen und Waisen, weil diese ohne den Rechtsschutz der Großfamilie der Willkür der anderen ausgeliefert waren: »Einen Fremden sollst du nicht ausnützen oder ausbeuten, denn ihr selbst seid in Ägypten Fremde gewesen. Ihr sollt keine Witwe oder Waise ausnützen. Wenn du sie ausnützt und sie zu mir schreit, werde ich auf ihren Klageschrei hören. Mein Zorn wird entbrennen und ich werde euch mit dem Schwert umbringen, so daß eure Frauen zu Witwen und eure Söhne zu Waisen werden« (Exodus 22,20–23).

Auch Jesus selbst schrie in seiner äußersten Verlassenheit und Todesangst zu Gott: »Mein Gott, mein Gott, warum hast du mich verlassen?« (Mt 27,46).

Aber nicht nur an Gott wendet sich dieser Schrei nach Gerechtigkeit. Auch die Menschen sind aufgerufen, Gerechtigkeit zu schaffen. Nach 1 Tim 6,11 soll der Christ der Gerechtigkeit nachjagen. Wer einmal einen Jäger erlebt hat, kann erfassen, wie sich der Christ für die Gerechtigkeit einsetzen soll: unermüdlich, voll Engagement und Leidenschaft. Der Christ soll hungern und dürsten nach der Gerechtigkeit (Mt 5,6). Wer einmal wirklichen Hunger und wirklichen Durst erlitten hat, wer nicht nur hungerte und dürstete, sondern wer gleichsam Hunger und Durst war, das heißt sich in einer Situation befand, wo jeder Gedanke, ja sein ganzes Menschsein nur in dem Verlangen nach einem Stück Brot oder einem Schluck Wasser bestand, der kann ermessen, wie dieses Verlangen nach Gerechtigkeit den Christen erfüllen soll: Nur dann wird er im kommenden Leben »satt« werden.

Dabei gehören Frieden und Gerechtigkeit immer zusammen; das eine ist ohne das andere nicht denkbar und verwirklichbar. Im Psalm 85,11 wird dies in einem wunderschönen Bild zum Ausdruck gebracht: »Es begegnen einander Huld und Treue; Gerechtigkeit und Frieden küssen sich.« Deutlicher kann man den inneren Zusammenhang zwischen Frieden und Gerechtigkeit nicht zum Ausdruck bringen.

Wer aber Frieden und Gerechtigkeit sagt, befindet sich mitten in der politischen Wirklichkeit. Es ist schizophren, wenn man meint, über Frieden und Gerechtigkeit, über Liebe und Gleichheit der Menschen und über Freiheit predigen zu können und die Politik vor der Kirchentür zu lassen. Dies kann man vor allem dann nicht, wenn man mit Begriff und Wirklichkeit von Politik nicht nur den Staat meint, was ein sehr autoritäres Politikverständnis beinhaltet, sondern wenn man Politik in dem ursprünglichen Sinne von »polis« verwendet: von Stadt, Gemeinwesen, Öffentlichkeit. In diesem Sinne waren Religion, Christentum und Kirche schon immer politisch, und es gibt keine Theologie, die nicht schon immer eine politische Theologie war. Schon die hellenistische Philosophie kannte die Unterteilung der Theologie in die theologia mythicae (fabularis), physicae (naturalis) und politicae (civilis).

Diese theologia civilis dient dazu, den göttlichen Ursprung

des Staates zu legitimieren, und sie bildete die Grundlage der religio publica im römischen Staat. Diese politische Theologie begründete auch, warum derjenige, der nicht dieser Staatsreligion verpflichtet war, als Staatsfeind, als Atheist angesehen wurde. Seine Ausrottung lag deshalb im öffentlichen Interesse. Die Christenverfolgungen durch den römischen Staat waren nur eine logische Konsequenz dieser politischen Theologie.

Die Situation wandte sich allerdings grundlegend, als das Christentum im Jahre 312 den Status einer religio licita erhielt und im Jahre 380 zur religio publica für den spätrömischen Staatsverband wurde.

Zwar haben sich die politischen und gesellschaftlichen und ökonomischen Verhältnisse in den letzten zweitausend Jahren mehrfach radikal verändert. Aber Religion, Christentum, Theologie und christliche Kirchen haben immer wieder die Aufgabe übernommen, den staatlichen, rechtlichen, politischen und ökonomischen Status quo zu legitimieren, mag dieser noch so sehr im Widerspruch gestanden haben zu zentralen Inhalten der christlichen Botschaft, mag dieser noch so ungerecht, ja unmenschlich gewesen sein.[1]

Aber solche politische Theologie als Legitimation für die politischen Strukturen und Verhältnisse oder gar als Legitimation für wirtschaftliche Ausbeutung und gesellschaftliche Unterdrükkung steht in krassem Widerspruch zu zentralen Traditionen des Alten und Neuen Testamentes. Vor allem die prophetische Tradition der biblischen Botschaft hat sich verstanden als kritische Infragestellung der politischen und ökonomischen Situation unter dem Anspruch der Gerechtigkeit.

Dabei wird der Prophet hier nicht verstanden als jemand, der die Zukunft vorhersieht. Der Prophet im biblischen Sinne ist vielmehr jemand, der sich weigert, in dem Mittel selbst schon das Ziel zu sehen. Er ist derjenige, der gerade die Mittel, die Medien, das Kategorielle, die Institutionen radikal in Frage stellt und der zentral auf das Wesentliche, auf das Ziel zugeht. Der Prophet gibt sich mit dem Erreichten nicht zufrieden, sondern er fragt danach, wie die Gegenwart als Instrument für die Zukunft verwendet werden kann.

Weil der Prophet das Bestehende radikal in Frage stellt, ist er in seinem Lande selten geachtet. Voller Unruhe ruft er dazu auf, dem Fremden, dem Neuen gegenüberzutreten, weil darin die Zukunft liegt. Diese Zukunft ist zwar noch unbestimmt, aber im Namen dieser Zukunft verunsichert der Prophet die Gegenwart, stellt er die gegenwärtige Situation mit all ihren Institutionen radikal in Frage. Das prophetische Wort ist deshalb provokativ: Es erregt Ärgernis! Der Prophet verunsichert die Etablierten in ihren traditionellen, politischen, aber religiös sanktionierten und sakralisierten Ordnungen. Das prophetische Wort ruft nach vorne, in die Zukunft, zu neuen Ufern.

Die großen Prophetengestalten des Alten Testamentes sind ein beredtes Zeugnis für diese Tradition. Es ist bekannt, wie sehr ein Jesaja, ein Jeremia, ein Hosea oder ein Amos die gesellschaftlichen und politischen Zustände ihrer Zeit kritisierten und zum Teil dafür auch mit ihrem Leben bezahlt haben. Ausdrücklich sei auch hingewiesen auf den Traum vom Menschensohn bei Daniel im 7. Kapitel.[2]

Jesus von Nazareth hat diese prophetische Tradition und gerade auch diesen Traum vom Menschensohn aufgenommen. So heißt es zum Beispiel bei Markus 10,42–45: »Da rief Jesus die Jünger zu sich und sagte: Ihr wißt, daß die, die als Herrscher gelten, ihre Völker unterdrücken und die Mächtigen ihre Macht über die Menschen mißbrauchen. Bei euch aber soll es nicht so sein, sondern wer bei euch groß sein will, der soll euer Diener sein, und wer bei euch der Erste sein will, soll der Sklave aller sein. Denn auch der Menschensohn ist nicht gekommen, um sich dienen zu lassen, sondern um zu dienen und sein Leben hinzugeben als Lösegeld für viele.«

Es ist überhaupt nicht verwunderlich, wenn demjenigen, der solches sagt, der Herrschaft von Menschen über Menschen radikal in Frage stellt, von den damals Herrschenden ein politischer Prozeß gemacht und er zu einer politischen Strafe, zum Kreuzestod, verurteilt wurde. Dieser Tod am Kreuz war nur die logische Konsequenz dafür, daß Jesus – im Sinne des Traumes vom Menschensohn – die damaligen Herrschaftsverhältnisse auf den Kopf gestellt, den Menschen aber den Weg für einen aufrechten Gang bereitet hat.

Die Kirche des Neuen Testamentes war sich der unbedingten

Notwendigkeit der Propheten bewußt. In Eph 2,19f. heißt es: »So seid ihr denn nicht mehr Fremde und Beisassen, sondern seid Vollbürger mit den Heiligen und seid Hausgenossen Gottes, aufgebaut auf dem Fundament der Apostel und Propheten.« Die Kirche muß also auferbaut sein auf zwei gleichberechtigten Elementen. Auf der einen Seite bedarf sie des Amtes, um vor allem in der Geschichte fortexistieren zu können. Auf der anderen Seite aber bedarf sie der Propheten, um ihren Auftrag jetzt erfüllen zu können. In 1 Thess 5,19f. heißt es: »Den Geist löscht nicht aus. Achtet die Prophetie nicht gering!«

Aber auch nach der sogenannten »Konstantinischen Wende« blieb diese prophetische Tradition lebendig, wenn auch eher verkörpert in einzelnen Personen denn als lebendiger Strom in der ganzen Kirche. So widerstand zum Beispiel Ambrosius, der Bischof von Mailand, dem römischen Kaiser Theodosius dem Großen ins Antlitz hinein, als dieser in Thessaloniki eine große Zahl von Einwohnern hatte ermorden lassen. Der Bischof legte dem Kaiser eine öffentliche Kirchenbuße auf, verließ Mailand und teilte Theodosius mit, er werde seiner Bischofstadt so lange fernbleiben, bis Theodosius die Buße annehme. Und der Kaiser unterwarf sich der Kirchendisziplin.

Eine andere große Figur dieser Tradition war Girolamo Savonarola (1452–1498). Unter Berufung auf das Evangelium stellte er die politische und ökonomische Situation in der Stadt Florenz radikal in Frage. Er »hat mit diesen im ›Glauben‹ fundierten Auffassungen durchaus einen politischen Weg eingeschlagen. Er predigte eine ›politische Theologie‹, wenn man so will«.[3] Das Scheitern seines Reformversuches und sein Ende am Galgen ist kein entscheidendes Argument gegen die Richtigkeit seines Ansatzes. Aber auch in der gegenwärtigen Kirche, vor allem in Lateinamerika, wird diese prophetische Tradition wieder lebendig. In seiner Ansprache an die Landarbeiter in Mosquira in Kolumbien sagte Papst Paul VI. am 23. August 1968: »Ihr hört uns jetzt schweigend zu, aber wir hören den Schrei, der aus euren Leiden emporsteigt.« Die lateinamerikanischen Bischöfe nahmen diese Tradition auf und erklärten in dem Schlußdokument der zweiten Generalversammlung des lateinamerikanischen Episkopates in Medellin 1968: »Der lateinamerikanische Episkopat darf angesichts der ungeheuren sozialen Ungerechtigkeiten in Lateinamerika nicht gleichgültig bleiben; Ungerechtigkeiten, die die Mehrheit unserer Völker in einer schmerzhaften Armut halten, die in sehr vielen Fällen an unmenschliches Elend grenzt. Es erhebt sich ein stummer Schrei von Millionen von Menschen, die von ihren Hirten eine Befreiung erbitten, die ihnen von keiner Seite gewährt wird.« Und in dem Schlußdokument der dritten Generalversammlung des lateinamerikanischen Episkopates in Puebla 1979 heißt es: »Aus den verschiedenen Ländern des Kontinents steigt ein Schrei auf, dessen Vielstimmigkeit und Nachdruck ständig zunimmt. Es ist der Schrei eines Volkes, das leidet und Gerechtigkeit, Freiheit und Achtung vor den Grundrechten des Menschen und der Völker fordert.«

An dieser prophetischen Tradition in der Kirche knüpft die Theologie der Befreiung an. Unter Berufung auf die biblischen Traditionen bezichtigen sie die heutige sogenannte Weltwirtschaftsordnung der strukturellen Sünde. In einer vorher nie gekannten Schärfe verurteilt so zum Beispiel die dritte Generalversammlung des lateinamerikanischen Episkopates das kapitalistische Wirtschaftssystem: »Im Lichte des Glaubens betrachten wir den sich immer mehr auftuenden Abgrund zwischen Reichen und Armen als ein Ärgernis und einen Widerspruch zum Christsein. Der Luxus einiger weniger wird zur Beleidigung für das große Elend der Massen. Diese Tatsache läuft dem Plan des Schöpfers zuwider und ist gegen die Ehre gerichtet, die wir ihm schulden. In diesen Ängsten und Schmerzen sieht die Kirche eine soziale Sünde, die um so schwerer wiegt, da sie in Ländern begangen wird, die sich katholisch nennen und die Fähigkeit haben, dies abzuändern.« Und an einer anderen Stelle heißt es: »Die freie Marktwirtschaft in ihrer reinsten Ausprägung, die immer noch als Wirtschaftssystem auf unserem Kontinent gilt und durch gewisse liberale Ideologien legitimiert wird, hat den Abstand zwischen Reichen und Armen vergrößert, weil sie das Kapital vor die Arbeit setzt, wirtschaftliche Interessen vor soziale Belange. Minderheitsgruppen, zuweilen mit ausländischen Interessen verbündet, haben die Möglichkeiten ausgenutzt, die ihnen diese alte Form des Marktes bieten, um ihren Vorteil auf

Kosten der Interessen des größeren Teiles der Bevölkerung zu sichern.«

Karl Lehmann hat recht, wenn er schreibt: »Dieser prophetische Aufschrei des lateinamerikanischen Christentums angesichts der großen Armut und des unendlichen Elends ist die wahre Mitte der Theologie der Befreiung.«[4] Und im gleichen Sinne schreibt M. Hofmann: »Für Theologen der Befreiung ist das Prophetische eine Totalkategorie der Bibel, weil das Wesen des Glaubens nicht als Orthodoxie, sondern als Orthopraxie – von der Praxis her kommend und zu ihr hinführend – verstanden wird. Daher ist Prophetie ein Synonym für Befreiung.«[5]

Gerade aber weil die Theologie der Befreiung und mit ihr ein großer Teil der Kirche Lateinamerikas – in dieser prophetischen Tradition stehend und sie bewußt wahrnehmend – die politische und ökonomische Situation auf ihrem Kontinent so hart kritisiert, sie als unmenschlich, ja gotteslästerlich beurteilt, gerade deshalb gerät sie oft in einen unerbittlichen Konflikt mit den Herrschenden. Auch der innerkirchliche Konflikt um die Theologie der Befreiung muß auf diesem Hintergrund gesehen werden.[6]

Und in der Tat: Nimmt man die Inhalte der jüdisch-christlichen Traditionen des Alten und Neuen Testamentes ernst, so kann christliche Theologie nie und nimmer eine Legitimationstheologie sein, eine christliche Sanktionierung von »law and order«, eine kirchliche Absegnung des ungerechten politischen und ökonomischen Status quo. Christliche Theologie, wenn sie versucht, über Gott und die Welt und die Menschen auf der Grundlage der biblischen Botschaft zu reflektieren, muß eine unerbittliche prophetische Kritik an der heutigen politischen und ökonomischen Situation beinhalten, muß eine prophetische politische Theologie sein.

Es ist Aufgabe der christlichen Theologie, »die Zeichen der Zeit« zu deuten. Denn es geht dem christlichen Glauben ja nicht nur um eine vergangene Wirklichkeit, auf die wir zurückschauen. Dies sicher auch. Es geht um die Erinnerung an Leben und Sterben und Auferweckung des Jesus von Nazareth. Es geht aber auch um eine zukünftige, noch ausstehende Wirklichkeit, auf die hin die Christen unterwegs sind. Es geht darum, die gegenwärtigen politischen und ökonomischen Bedingungen zu verändern, um der Herrschaft Gottes einen Zugang zu eröffnen. Angesichts der bleibenden Differenz zwischen der noch ausstehenden, vollendeten Gottesherrschaft und der gegenwärtigen Situation unserer Gesellschaft erfordert die Bezugnahme auf die Herrschaft Gottes eine grundlegende Veränderung der augenblicklichen Situation und der Menschen in ihr. Wir können Gott und seine Herrschaft nur ernst nehmen, wenn wir die augenblickliche Situation verändern. Damit erhält die Theologie eine eminent gesellschaftskritische Funktion. Sie muß ihre Stimme erheben, wenn Menschen vergewaltigt und gefoltert, wenn ganze soziale Klassen unterdrückt, wenn der Status quo absolut gesetzt wird um der Privilegien einer kleinen Minderheit willen. Christliche Theologen müssen wie die Propheten überall dort ihre Stimme erheben, wo Menschen sich selbst entfremdet werden.

Eine solche prophetische politische Theologie, welche die noch ausstehende Vollendung der Gottesherrschaft ernst nimmt, wird aber nie eine Theologie dieser oder jener politisch verwirklichten Revolution sein können, weil sie sich einerseits ihrer eigenen theologischen Bedingtheit und der Begrenztheit jedes politischen Tuns bewußt bleiben muß und weil sie andererseits weiß, daß Gottes vollendende Tat am Ende der Geschichte immer größer sein wird als jegliches menschliches Denken und Handeln.

In diesem Zusammenhang ist auch hinzuweisen auf die grundlegenden Unterschiede zwischen der politischen Theologie als Legitimation und der politischen prophetischen Theologie, zwischen den sich aus ihnen ergebenden Praktiken eines traditionellen politischen Klerikalismus oder Integralismus und einer Praxis der Befreiung, wie sie zum Beispiel durch die Theologie der Befreiung begründet wird.

Dort wird eine ungerechte politische und ökonomische Situation religiös legitimiert. Hier wird sie im Hinblick auf die noch ausstehende Vollendung in Frage gestellt. Dort wird mit dem Anspruch der Unfehlbarkeit aufgetreten. Hier wird mit Argumenten begründet. Dort wird hingewiesen auf eine präetablierte göttliche Ordnung in der Welt, die es zu verteidigen gilt. Hier wird auf den geschichtlichen Prozeß eingegangen und mit sozialwissenschaftlichen Analysen gearbeitet. Dort sind Kleriker agierende Subjekte der Theologie. Hier entsteht die Theologie aufgrund des Denkens und Handelns, des Betens und Meditierens von christlichen Frauen und Männern in den Basisgemeinden. Dort wird von einer Wesensschau aus deduziert. Hier bemüht man sich um eine dauernde Vermittlung von theologischer Theorie und gesellschaftlicher und religiöser Praxis.

Die Aufgabe des christlichen Theologen darf sich aber nicht in der Kritik erschöpfen, obwohl diese Kritik in sich schon eine positive Funktion erfüllt. Aber auf der Grundlage der biblischen Traditionen, ausgehend etwa vom Traum des Menschensohns und dem damit verbundenen Ende der Herrschaft von Menschen über Menschen, hat der Theologe eine Realutopie zu entwerfen von einer herrschaftsfreien Mitmenschlichkeit, eine Realutopie, die utopisch ist, weil sie den Status quo radikal transzendiert, die aber auch so real ist, daß schrittweise mit ihrer Verwirklichung hier und heute begonnen werden kann. In Zusammenarbeit mit allen Menschen guten Willens hat er ethische Kriterien einer menschlichen Weltgesellschaft zu entwickeln, an denen die heutige Praxis zu messen ist. Ein neuer ethischer Grundkonsens ist angesichts der ungeheueren Gefahren notwendiger denn je.

Die Umkehr von einer politischen Theologie als Legitimierung zu einer prophetischen politischen Theologie ist unbedingt notwendig. Sie ist notwendig in Treue zu den jüdisch-christlichen Traditionen des Alten und Neuen Testamentes. Sie ist notwendig für die Glaubwürdigkeit der Kirche in der heutigen Gesellschaft, und sie ist vor allem notwendig im Hinblick auf Glück und Heil der Menschen von heute. Denn die Menschen sind nicht um der Kirche willen da, sondern die Kirche um der Menschen willen.

Anmerkungen

1 Vgl. dazu und zum Folgenden meinen Beitrag: Umkehr. Statt Legitimierung der Ausbeutung Entscheidung für die Ausgebeuteten. In: C. Boff / N. Greinacher, Umkehr und Erneuerung, Freiburg / Schweiz 1986.
2 Vgl. dazu vor allem: W. Kellner, Der Traum vom Menschensohn, München 1985.
3 H. Hermann, Savonarola, München 1977, 120.
4 K. Lehmann, Theologie der Befreiung, Einsiedeln 1977, 28.
5 M. Hofmann, Identifikation mit den anderen, Göttingen 1978, 150.
6 Vgl. N. Greinacher, Der Konflikt um die Theologie der Befreiung, Zürich 1985.

Gerechtigkeit in der »Dritten Welt«

Die Theologie der Befreiung als Herausforderung für die Christen in der »Ersten Welt«

Vor einiger Zeit traf ich im Norden Perus mit einem Bauern zusammen, der Leiter einer christlichen Basisgemeinde ist. Die Menschen dort leben in äußerster Not. Sie ernähren sich von den Erträgnissen ihres kleinen Stück Landes und von den Strohhüten, die sie herstellen. Hunger ist ihr dauerndes Schicksal. Sie haben sich zu einer Genossenschaft zusammengeschlossen, um ihre Interessen wirksamer vertreten zu können. Wegen seiner politischen und kirchlichen Mitarbeit ist dieser Bauer schon 32mal verhaftet worden. Dennoch kämpft er unverdrossen weiter. Wöchentlich kommen die Mitglieder dieser Basisgemeinde zu einem Wortgottesdienst zusammen, und aus der befreienden Botschaft Jesu Christi holen sie sich Weisung und Mut für ihr Engagement. Für diese Bauern ist die Botschaft Jesu Christi zum verpflichtenden Impuls und zur befreienden Hoffnung für ihr Leben geworden.

So wie in diesem Fall habe ich an vielen Orten und in vielen Gesprächen erlebt, wie die Theologie der Befreiung keine theologische Schultheorie, sondern gelebte christliche Praxis ist, die eine Bewegung ins Leben gerufen hat, welche die Kirchen in Lateinamerika weithin prägt.

I. Was bedeutet Theologie der Befreiung?

1. Das Wirken Gottes in der Geschichte

Die Theologie der Befreiung wendet sich gegen eine Trennung zwischen profaner Geschichte und der Heilsgeschichte Gottes mit den Menschen. Ganz im Gegenteil betont diese Theologie sehr stark die Einheit der Geschichte. Auch und gerade in dem politischen Kampf der Menschen für Befreiung ist Gott wirksam. So wie der Exodus des israelitischen Volkes aus Ägypten ein politischer und zur selben Zeit ein im Glauben erfahrener Akt der Befreiung war, so ist auch heute der Kampf der Völker in Lateinamerika um Befreiung ein politisches und zugleich ein theologisches Phänomen.

2. Unterdrückung als Sünde

Mehr und mehr Menschen in Lateinamerika werden sich bewußt, daß sie in einer Situation der Unterdrückung und Ausbeutung leben. Diese Unterdrückung hat verschiedene Dimensionen. Es handelt sich vor allem um eine Unterdrückung und Ausbeutung politischer, wirtschaftlicher, kultureller und ethnischer Art. Es handelt sich ebenso um eine Unterdrückung der fundamentalen Menschenrechte, die Unterdrückung der Frauen genauso wie um eine Unterdrückung ganzer Völker im internationalen Rahmen. Wichtig ist nun, daß die Theologen diese Struktur der Unterdrückung als Sünde interpretieren. Weil Gott selbst sich mit dem Unterdrückten identifizierte, ist Unterdrükkung nicht nur eine Sünde gegen den Menschen, sondern zugleich eine Sünde gegen Gott selbst.

3. Befreiung und Erlösung

Die Theologie der Befreiung wendet sich gegen eine Trennung zwischen dem Heil, um das sich die Kirche sorgt, und dem menschlichen Wohl, um das sich der Staat kümmern soll. Genauso wie Jesus gleichzeitig und in einem Geschehen den Gelähmten heilte und ihm die Vergebung der Sünden zusprach, so hat sich auch die Kirche zu engagieren für den Menschen in all seinen Dimensionen, sowohl in physischer und psychischer als auch in geistlicher Hinsicht. Aber obgleich die Befreiungstheologen eine ganz enge Verbindung und Verschränkung sehen zwischen Befreiung und Erlösung, so identifizieren sie doch beide Wirklichkeiten nicht. Obwohl die Befreiung zwar eine heilsgeschichtliche Bedeutung hat, so benötigt dennoch auch der befreite Mensch die Vollendung, welche Gott am Ende der Geschichte schenken wird.

4. Kirche und Politik

Die Theologie der Befreiung geht von der Tatsache aus, daß die Kirche schon immer ein politisches Phänomen gewesen ist. Dies ist auch heute der Fall. Gerade auch dann, wenn die Kirche sich nicht politisch versteht und nicht politisch handeln will, hat sie dennoch tatsächlich schon immer eine politische Bedeutung. Leider hat sie nur allzu oft in Vergangenheit und Gegenwart die Funktion des »Opiums des Volkes« übernommen, der Vertröstung auf eine bessere Welt im Jenseits. Die Konzeption der Trennung zwischen Kirche und Politik bewirkt aber heute in Lateinamerika tatsächlich eine Stabilisierung der ungerechten Strukturen.

Demgegenüber muß klar gesehen werden, daß das Handeln von Jesus und viele zentrale Leitvorstellungen der neutestamentlichen Botschaft wie Freiheit, Friede, Gerechtigkeit, Brüderlichkeit eine politische Dimension haben. So muß auch die Kirche sich ihrer politischen Bedeutung bewußt sein und muß sich engagieren in politischen Konflikten.

5. Die prophetische Aufgabe der Kirche

Die katholische Theologie hat in der Vergangenheit die Kirche sehr oft als eine Institution mit hierarchischen Strukturen gesehen. Sie hat aber darüber vergessen, daß es in der Kirche neben der apostolischen Nachfolge auch eine prophetische Nachfolge geben muß. Im Epheserbrief heißt es, daß die Kirche auferbaut ist »auf dem Fundament der Apostel und der Propheten« (2,20).

Aber was ist unter einem Propheten zu verstehen? Ein Prophet ist ein Mensch, der sich weigert, die Mittel mit dem Ziel zu verwechseln. Er kritisiert die Kategorien, die Instrumente, die Mittel, weil sie dem letzten Ziel im Wege stehen. Er stellt die augenblickliche Situation in Frage im Hinblick auf das letzte Ziel.

Jesus selbst war eine prophetische Figur. Er kritisierte sehr hart die sozialen und religiösen Institutionen seiner Zeit. Sein

Tod am Kreuz war die Konsequenz seiner prophetischen Rede und seines prophetischen Tuns. Eine Kirche, welche das prophetische Element vernachlässigt, verrät die biblische Botschaft. Die Kirche hat die Zeichen der Zeit zu interpretieren. Die Kirche hat zu protestieren, wenn Menschen gefoltert und soziale Klassen unterdrückt werden. Wie die Propheten müssen die Kirchen sich engagieren, wenn Menschen sich selbst entfremdet werden.

6. Klassenkampf und Parteilichkeit der Kirche

Für die Theologen der Befreiung ist es klar ersichtlich, daß die lateinamerikanische Gesellschaft eine Klassengesellschaft ist und daß ein Klassenkampf existiert. In diesem Klassenkampf gibt es keine Neutralität. Wer immer sich in einer solchen Situation als neutral erklärt, bestätigt den ungerechten Status quo. Deshalb hat auch die Kirche parteiisch zu sein, so wie auch Jesus parteiisch war zugunsten der Unterdrückten.

7. Die Kirche und die Armen

Die Forderung nach einer Kirche der Armen wurde in der Geschichte der Kirche schon oft erhoben, vor allem auch während des zweiten Vatikanischen Konzils. Die Befreiungstheologie nimmt diese Forderung sehr ernst, und die III. Generalversammlung des Lateinamerikanischen Episkopates von Puebla hat sich ausgesprochen für eine vorrangige Entscheidung für die Armen. Diese Entscheidung bedeutet eine Haltung der Solidarität mit den Armen, ein Protest gegen die Armut und ein Engagement in dem Kampf der Armen für ihre Rechte.

8. Kirche des Volkes

Bekanntlich nimmt in den Dokumenten des zweiten Vatikanischen Konzils der Begriff »Volk Gottes« zur Bezeichnung der Kirche eine zentrale Stellung ein. So sprechen auch die Theologen der Befreiung oft vom Volke oder vom Volkskatholizismus oder von der Volksreligiosität. Was ist mit diesem Begriff Volk gemeint?

Die Kirche soll nicht mehr länger eine Kirche für das Volk sein, sondern eine Kirche des Volkes. Dies bedeutet, daß die Mitglieder der Kirche nicht mehr länger gehorsame Schafe oder minderjährige Kinder sind, sondern aktive und verantwortliche Teilnehmer am Leben der Kirche und am gesellschaftlichen Wirken.

9. Die Basisgemeinden

Die Befreiungstheologie ist eng verbunden mit den Basisgemeinden. Was aber haben wir unter Basisgemeinden zu verstehen?

Zunächst müssen wir sehen, daß es unter den Basisgemeinden eine große Vielgestaltigkeit gibt. Das Hauptkennzeichen der Basisgemeinden besteht aber darin, daß sie Gruppen von Christen bilden, die regelmäßig zusammenkommen, ihr alltägliches Leben im Lichte des christlichen Glaubens interpretieren, die beten und Gottesdienste halten und – und dies ist sehr wichtig – die als Gemeinde versuchen, sich politisch zu engagieren und ihre Situation von Unterdrückung zu verändern. In diesen Basisgemeinden ereignet sich das, was Paolo Freire als die »Concientizacion«, den Prozeß der Bewußtmachung versteht. In diesen Basisgemeinden sind in Lateinamerika etwa anderthalb Millionen Menschen integriert.

Die Theologie der Befreiung ist in diesen Basisgemeinden entstanden. Die meisten der Befreiungstheologen leben in solchen Gemeinden. Und ich bin überzeugt davon, daß die Zukunft der Kirche in Lateinamerika von diesen Basisgemeinden abhängt.

10. Spiritualität der Befreiung

An der Theologie der Befreiung wurde oft kritisiert, daß sie »horizontalistisch« ausgerichtet sei, d.h. nur das Verhältnis der Menschen untereinander im Blick habe. Eine solche Kritik hat ein Hauptkennzeichen dieser Theologie nicht verstanden, daß nämlich der Dienst am Menschen immer zugleich Gottesdienst ist und daß es keinen Gottesdienst ohne Menschendienst gibt. Diese Kritiker haben auch nie die Leidenschaft miterlebt, mit welcher diese Gemeinden beten und singen, meditieren und

Gottesdienste und Feste feiern. Die Spiritualität der Befreiung ist eine ausgezeichnete Verbindung von »Vita activa« und »Vita contemplativa«.

11. Orthopraxie und Orthodoxie

Wie wir gesehen haben, ist die Befreiungstheologie in den Basisgemeinden entstanden. Dies ist ein Ausdruck dafür, daß nach Meinung der Theologen der Befreiung christlicher Glaube zuerst Orthopraxie, d. h. die richtige Praxis von Befreiung ist. Orthopraxie ist nach Meinung dieser Theologen ein »locus theologicus«, d. h. eine Quelle theologischer Erkenntnis. Für diese Theologen der Befreiung ist es unmöglich, ein Theologe zu sein, ohne sich im Prozeß der Befreiung zu engagieren.

12. Kirche und Sozialismus

Die katholische Kirche und die katholische Theologie in Europa ist traditionellerweise antisozialistisch eingestellt. Entgegen dieser antisozialistischen Haltung hat die Theologie der Befreiung in Lateinamerika eine klare Option vorgenommen zugunsten eines authentischen lateinamerikanischen Sozialismus. Nach Bonino hat dieser Sozialismus sieben besondere Charakteristika:

1. Ablehnung der Konzeption von Entwicklung
2. Der Kampf gegen die Unterdrückung durch revolutionäre Aktion
3. Ein mächtiger zentralisierter Staat
4. Bewußtmachung des Volkes und Teilnahme des Volkes an allen Entscheidungen
5. Die Priorität der politischen Dimension im gegenwärtigen Kampf in Lateinamerika
6. Ein authentischer lateinamerikanischer Sozialismus, der sich kritisch verhält gegenüber allen Ideen und Praktiken in der Vergangenheit und in der Gegenwart
7. Die Priorität der menschlichen Dimension in allen wirtschaftlichen und strukturellen Veränderungen.

Diese sozialistische Option ist verbunden mit einer sehr scharfen Kritik an dem kapitalistischen System. Dabei benutzen diese

Theologen der Befreiung in kritischer Assimilation auch Ideen von Karl Marx, vor allem die marxistische Analyse der Gesellschaft.

13. Der Gebrauch von Gewalt

Der größte Teil der Völker in Lateinamerika lebt in einer Situation der Gewalt, die unabhängig von ihrem Willen existiert. Sie befindet sich in einer solchen Situation der Gewalt, und sie haben als Christen auf christliche Weise auf diese Situation zu reagieren. In einer solchen Situation führt Neutralität zu einem Fortdauern der strukturellen Gewalt und folglich auch zu größtem menschlichen Elend für Millionen von Menschen. Dennoch unterstreichen die Theologen der Befreiung grundsätzlich die Notwendigkeit der biblisch begründeten Gewaltlosigkeit. Aber in ganz bestimmten, extremen Situationen schließen sie den Gebrauch von Gewalt nicht aus: Dann nämlich, wenn der Gebrauch der Gewalt durch den Staat nicht mehr länger ausgehalten werden kann, wenn alle anderen gewaltlosen Mittel erschöpft sind und wenn der Gebrauch von Gewalt eine begründete Aussicht auf Erfolg hat. Dies steht in voller Übereinstimmung mit der Überzeugung von Papst Paul VI., wie er sie in seiner Enzyklika »Populorum progressio« zum Ausdruck gebracht hat.

II. Die Herausforderung durch die Theologie der Befreiung

Meine bisherigen Ausführungen werden gezeigt haben, daß die Befreiungstheologie nicht nur eine Angelegenheit der »Dritten Welt« darstellt, sondern daß die Theologie der Befreiung auch eine große Herausforderung für Theorie und Praxis der Kirchen in der »Ersten Welt« bedeutet. Wir brauchen in der Kirche so etwas wie eine kollektive »correctio fraterna«, also eine brüderliche Zurechtweisung nicht nur unter vier Augen, sondern auch von einer Kirche zur anderen.

Im folgenden wird versucht, an einzelnen Punkten aufzuzeigen, worin diese Herausforderung für die Christen in der »Ersten Welt« durch die Theologie der Befreiung besteht.

1. Die Verwirklichung von Gemeinden

Es wurde darauf hingewiesen, welch nahe Verbindung zwischen den Basisgemeinden und der Theologie der Befreiung besteht. Die beiden Generalversammlungen des lateinamerikanischen Episkopates in Medellin (1968) und Puebla (1979) haben die Bedeutung solcher Basisgemeinden bestätigt. Aber auch für die Kirchen in der »Ersten Welt« haben diese Basisgemeinden eine entscheidende Bedeutung. Aber was verstehen wir in diesem Zusammenhang unter dem Begriff von Gemeinde?

Zunächst möchte ich eine Unterscheidung machen zwischen Pfarrei und Gemeinde. Die Pfarrei war eine sehr wirksame Organisationsform der Pastoral durch Jahrhunderte hindurch in einer Gesellschaft, die durch ihre Stabilität gekennzeichnet war. Dank der Pfarrei war die Kirche unter den Menschen präsent. Unter Pfarrei wird hier vor allem ein administrativer Bezirk mit dem Pfarrer an der Spitze verstanden, in welchem die Laien durch einen Priester versorgt werden. In unserer Gesellschaft aber, die in hohem Maße mobil, urbanisiert und industrialisiert ist, wird es notwendig, daß aus unseren Pfarreien Gemeinden werden. Dabei wird unter Gemeinde eine Gruppe von Frauen und Männern verstanden, die an Jesus Christus glauben und die versuchen, ihr persönliches und ihr gemeindliches Leben an der neutestamentlichen Botschaft auszurichten. Die Mitglieder der Gemeinde stehen in engen sozialen Beziehungen untereinander und übernehmen bestimmte Aufgaben im Rahmen der Gemeinde. Das Zentrum der Gemeinde ist die Versammlung, vor allem der eucharistische Gottesdienst. Aber diese Gemeinden bilden kein Getto, sondern sie verstehen sich als Teil der universalen Kirche und nehmen ihre Verantwortung im Ganzen der Gesellschaft wahr.

Solche Gemeinden entstehen an der Basis der Kirche, und sie bilden die Basis der Kirche. Das bedeutet zunächst, daß diese Gemeinden ausgehen von der »Freude und Hoffnung, der Trauer und dem Schmerz des Menschen von heute« – Worte, wie sie am Beginn der Pastoralen Konstitution über die Kirche in der Welt von heute des Zweiten Vatikanischen Konzils stehen. In dem Leben dieser Gemeinden, in ihren Versammlungen und Festen, in ihren Gottesdiensten und Diskussionen findet die Leidensgeschichte des Menschen ihren Ausdruck, ebenso aber seine Geschichte von Liebe, Glaube und Hoffnung, die Geschichte von menschlicher Erfahrung und menschlichem Glück. Auf diese Weise bekommt die Kirche einen neuen Zugang zu dem Leben des Menschen. Sie wird von neuem eine Kirche der Menschen.

Aber auch von einem theologischen Gesichtspunkt aus ist die Gemeinde die Basis der Kirche. Sie ist die primäre Verwirklichung von Kirche. Alle anderen Strukturen in der Kirche haben der Gemeinde zu dienen. In der Bildung solcher Gemeinden sehe ich die unabdingbare Voraussetzung für ein Überleben von Kirche.

Solche Gemeinden werden auf sehr vielfache Weise existieren: als eine Studentengemeinde, als eine Gemeinde eines Ordens oder einer religiösen Gemeinschaft, als eine Gemeinde von nationalen Minderheiten... Sie können entstehen als Substrukturen einer städtischen Pfarrei, als eine kleine dörfliche Gemeinde oder als die Kerngemeinde in einer traditionellen Pfarrei. Das Ziel muß aber immer das gleiche sein: aus unseren Pfarreien müssen Gemeinden werden.

2. Spiritualität

Die Spiritualität unserer Pfarreien und von vielen Christen trägt oft den Charakter von etwas Speziellem, etwas Außerordentlichem, das vom alltäglichen Leben der Menschen getrennt ist. Die Gebete sind oft so künstlich, die Worte unserer Lieder oft so altmodisch, die Predigten so steril. Und wenn eine Bemühung unternommen wird, diese Kluft zu überbrücken, dann trägt gerade diese Bemühung oft den Charakter von etwas sehr Künstlichem. Diese Unfruchtbarkeit der Spiritualität und des Gottesdienstes ist wohl einer der Hauptgründe, warum so viele, vor allem junge Menschen, die Kirche verlassen. Sie erkennen in der Sprache der Kirche nicht ihr Leben und ihre Probleme wieder. Darüber hinaus hat die Spiritualität von uns Christen in der »Ersten Welt« oft eine so individualistische Form, völlig im Gegensatz zu der traditionellen Liturgie.

In dieser Hinsicht können wir Christen in der »Ersten Welt« sehr viel von der Spiritualität der Befreiungstheologie lernen. In ihr ist es weithin geglückt, praktisches Leben und Spiritualität ineinander zu integrieren. Die Gebete und Lieder, die Symbole und Riten, die geistlichen Betrachtungen und Diskussionen sind ganz und gar vom Leben der Menschen durchdrungen. Die theologische Feststellung, daß Gott in der Geschichte und im Leben des Menschen wirkt, erfährt hier eine konkrete Konsequenz: Das geistliche Leben der Christen ist nur die Artikulation in Wort und Zeichen dessen, was im alltäglichen Leben der Menschen geschieht. Aber man kann auch das umgekehrte Phänomen finden: Inmitten einer politischen Diskussion, inmitten der Durchführung einer sozialen Aktion in den Slumgebieten werden plötzlich geistliche Gedanken geäußert.

Diese Art der Spiritualität ist sehr nahe jener Spiritualität, die in der französischen missionarischen Bewegung nach dem Kriege entstanden ist. Sie hat beispielsweise viele Gemeinsamkeiten mit der »Revision de vie«: Dies bedeutet, daß eine Gruppe von Christen zusammenkommt und ihr alltägliches Leben im Lichte der biblischen Botschaft interpretiert und beurteilt.

Gerade die lateinamerikanischen Basisgemeinden haben auch viele und ausgezeichnete Erfahrungen damit gemacht, die Bibel miteinander zu lesen. Sie sind daran gewöhnt, ihr Leben und ihre Aktionen mit dem Alten und Neuen Testament zu konfrontieren. So haben sie einen neuen hermeneutischen Zugang von ihrer Praxis aus zu der biblischen Botschaft gefunden.

Dies vor allem können wir von dieser Art von Spiritualität lernen: das alltägliche Leben mit dem geistlichen Leben zu verbinden.

3. Gottesdienst

Die Teilnahme der Katholiken in der Bundesrepublik Deutschland am sonntäglichen Gottesdienst ist von rund 54 Prozent im Jahre 1950 auf heute rund 28 Prozent zurückgegangen. Dieser starke Rückgang hat offenkundig viele Gründe. Aber ein wichtiger Grund ist vor allem auch in dem Verlust an Wirklichkeit in unseren Gottesdiensten zu sehen. Dies bedeutet, daß unsere

Zeitgenossinnen und Zeitgenossen in Form und Inhalt unserer Gottesdienste so gut wie keinen Zusammenhang sehen mit ihren Problemen, ihren Sorgen, ihren Ängsten, ihren Freuden und Fragen. Sie können ihre Identität in den Gebeten, Liedern und Symbolen des Gottesdienstes nicht zum Ausdruck bringen. Auf der anderen Seite aber ist festzustellen, daß viele, vor allem junge Menschen, an »modernen« Gottesdiensten teilnehmen, beispielsweise an einer »Liturgischen Nacht«, an einem »politischen Nachtgebet« oder an einem »Solidaritäts Gottesdienst«.

In den Basisgemeinden ist es sehr gut gelungen, das individuelle und kollektive Leben der Christen in den Gottesdienst zu integrieren. Das bedeutet nicht, daß die Gottesdienste einen banalen Charakter annehmen oder daß man aus dem Gottesdienst eine politische Aktion macht. Vielmehr soll die »Tiefendimension der Wirklichkeit« (Paul Tillich) in den Gottesdiensten zum Ausdruck gebracht werden. Wenn dies geschieht, dann ist der Gottesdienst nicht mehr länger ein isoliertes Phänomen, sondern ein Fest, das die ganze Welt miteinschließt und dem ganzen Leben einen Sinn gibt.

Karl Rahner nennt eine solche theologische Konzeption die »Liturgie der Welt«. Er geht dabei von dem theologischen Gedanken aus, daß die Erlösung, wie sie uns durch Gott in Jesus Christus geschenkt worden ist, prinzipiell überall und zu jeder Zeit in dieser Welt geschieht, wenn ein Mensch sein Leben und sein Sterben annimmt, wenn er ein grundsätzliches Ja sagt zu seinem Nächsten und zu sich selbst; wenn er sich einsetzt für Liebe und Gerechtigkeit, dann ist dieses Heil am Werke. In dieser Konzeption von Karl Rahner ist Gottesdienst der Ausdruck dessen, was an heilsamem Wirken Gottes durch Jesus Christus in der Welt überall und zu jeder Zeit geschieht. Diese Theorie von Karl Rahner ist in den Gottesdiensten der Basisgemeinden verwirklicht, und ich bin überzeugt davon, daß wir davon sehr viel lernen können.

Unsere Gottesdienste in der »Ersten Welt« sind leider auch nur allzu oft charakterisiert durch ein Fehlen an Kommunikation. Die Kirchengebäude selbst sind so konstruiert, daß sie Kommunikation wirksam verhindern. Oft wird eine scharfe Trennung zwischen dem Geistlichen und seiner Herde vorgenommen. Ein solcher Gottesdienst wäre in einer Basisgemeinde unmöglich. Dort findet eine allgemeine Diskussion statt: eine Frau erzählt von ihrer Erfahrung in einer Aktionsgruppe; ein Mann beschreibt sein Bemühen, eine Schule zu bauen ... Dort wird tatsächlich das verwirklicht, was Paulus den Korinthern geschrieben hat: »Wenn ihr zusammenkommt, trägt jeder etwas bei: einer ein Lied, ein anderer eine Lehre, der dritte eine Offenbarung; einer redet verzückt, und ein anderer deutet es. Alles geschehe so, daß es aufbaut« (1 Kor 14,26). Ich glaube, daß wir sehr viel von den Gottesdiensten der Basisgemeinden, auch von ihrer Kreativität, Vitalität und Phantasie lernen können.

Die Gottesdienste in den Basisgemeinden sind auch ganz von selbst politische Gottesdienste. Die Mitglieder dieser Basisgemeinden sind so sehr im politischen Bereich engagiert, daß es unvermeidlich ist, daß politische Probleme angesprochen werden. Eine solche Politisierung ist auch für unsere Gottesdienste notwendig. Es kommt hier nur noch einmal zum Ausdruck, daß Gottesdienst immer zugleich Menschendienst ist und daß Menschendienst und Gottesdienst nicht getrennt werden können.

4. Bemühungen um eine Reform der Kirche

Wenn man die Inhalte der Theologie der Befreiung ernsthaft zur Kenntnis nimmt, stellt dies auch eine große Herausforderung für die Strukturen unserer Kirchen dar.

Im allgemeinen sind die Kirchen in Europa mehr oder weniger stark mit der sozialen Mittelklasse verbunden, und diese Mittelstandsmentalität prägt das ganze Leben der Kirche, ihren Lebensstil, ihre Sprache usw. Die Arbeiterklasse nimmt kaum am Leben der Kirche Anteil. In den Augen der Theologie der Befreiung ist dies ein Skandal. Gerade auch in dieser Hinsicht bedarf die ganze Kirche einer grundlegenden Umorientierung.

Dazu kommt, daß die beiden Großkirchen in der Bundesrepublik Deutschland außerordentlich reich sind. Allein die Kirchensteuern bringen den beiden großen Kirchen jährlich über zwölf Milliarden DM ein. In dieser Summe sind nicht enthalten die Kollekten, die Spenden und die Subventionen von seiten der öffentlichen Hand. Legitimerweise fragen die Theologen der Befreiung, was es eigentlich bedeutet, in solch einer Situation Kirche der Armen zu sein. Dies ist nicht nur eine Frage des Geldes, sondern darüber hinaus auch eine Frage nach dem Lebensstil der Kirchen, nach Denken und Verhalten der Kirchen und ihrer Mitglieder.

Hinzu kommt ein anderer Punkt. Die Strukturen sowohl der katholischen wie der evangelischen Kirche in der Bundesrepublik Deutschland sind sehr hierarchisch ausgeprägt. Die Amtsträger in den Kirchen treffen sehr oft ihre Entscheidungen, ohne ihre Mitglieder daran zu beteiligen. Eine solche starke Bürokratisierung der Kirchen wird noch verstärkt durch ihre große finanzielle Macht. Franz Xaver Kaufmann hat mit Recht darauf hingewiesen, ein welch großer Konflikt zwischen dieser ausgeprägten Bürokratisierung der Kirche und ihrem geistlichen Auftrag besteht. Hinzu kommt der Konflikt zwischen diesem hierarchischen Leitungsstil und dieser hierarchischen Entscheidungsfindung auf der einen Seite und einem wachsenden demokratischen Bewußtsein in unserer Gesellschaft auf der anderen Seite. Ich bin davon überzeugt, daß hier wirklich eine strukturelle Häresie in der Kirche vorliegt, die unbedingt geändert werden muß.

Ferner kann nicht bestritten werden, daß die beiden Kirchen in der Bundesrepublik Deutschland eine stabilisierende Funktion in unserer Gesellschaft wahrnehmen. Aufs Ganze gesehen sanktionieren sie das formelle und informelle Wertsystem in unserer Gesellschaft; sie segnen die vorhandenen Plausibilitätsstrukturen in unserer Gesellschaft ab. Aber wie können die Kirchen ihre prophetische und kritische Aufgabe in der Gesellschaft wahrnehmen, wenn sie selbst einen stabilisierenden Faktor in dieser Gesellschaft darstellen? Wie können die Kirchen die Ungerechtigkeit unserer Gesellschaft kritisieren, wenn sie selbst ein substantieller Teil dieser Gesellschaft sind?

In vielen Diskussionen mit Theologen der Befreiung fand ich die Überzeugung vor, daß viele Strukturen der Kirche in Europa in ihren Augen einen Skandal darstellen. Dies muß für uns Christen in der »Ersten Welt« Anlaß sein, über einen grundlegenden Strukturwandel der Kirchen zu reflektieren.

5. Die ökumenische Dimension

In der Bewegung der Befreiungstheologie in Lateinamerika finden wir eine selbstverständliche Zusammenarbeit zwischen Christen aller Konfessionen. Es ist dort in der Tat völlig selbstverständlich, daß in den Basisgemeinden Protestanten und Katholiken zusammen leben, zusammen arbeiten und sich zusammen im politischen Kampf engagieren. Dort wird nicht die Frage nach katholisch oder evangelisch gestellt, sondern die entscheidende Frage, inwieweit jemand sich in den sozialen und politischen Konflikten engagiert.

Wenn wir auf diesem Hintergrund die Beziehungen zwischen der protestantischen und katholischen Kirche in der Bundesrepublik Deutschland betrachten, werden wir auf der einen Seite feststellen dürfen, daß seit dem letzten Krieg hier beachtliche ökumenische Fortschritte gemacht wurden. Eine Reihe von Vorurteilen wurde überwunden. Wenn wir aber die heutige Situation ins Auge fassen, werden wir leider feststellen müssen, daß es so etwas wie ein ökumenisches Kartell gibt: Die Amtsträger in beiden Kirchen bilden so etwas wie ein Kartell, welches entscheidet, was zu tun und vor allem: was zu lassen ist. Auf der anderen Seite ist empirisch nachgewiesen, daß ein sehr großer Teil der Mitglieder in beiden Kirchen überhaupt nicht mehr verstehen kann, wieso es nicht zu einer Versöhnung der Kirchen kommt.

Wir können also feststellen, daß die Basis in beiden Kirchen viel ökumenischer als die kirchlichen Amtsträger ist. Dem ist noch hinzuzufügen, daß Theologen in beiden Kirchen Lösungen erarbeitet haben im Hinblick auf traditionelle theologische Kontroversen wie Rechtfertigung, Mariologie, kirchlicher Dienst, Eucharistiefeier, das Verhältnis zwischen Schrift und Tradition. Die Zeit ist also reif für eine tatsächliche Wiedervereinigung. Damit ist eine Wiedervereinigung gemeint auf der Grundlage einer fortdauernden Vielgestaltigkeit verschiedener Kirchen, die ihre eigenen Traditionen, ihre eigene Spiritualitäten, ihre eigenen Strukturen und Organisationen, ihre eigenen Theologien beibehalten, die sich aber gegenseitig als christliche Kirchen anerkennen und sich unter einer gemeinsamen Leitung zusammenfinden.

6. Theologie

Die deutsche Theologie hat ein großes Ansehen in der ganzen Welt. Ein Grund dafür ist in der Tatsache zu sehen, daß die Theologie eine wichtige Position im Leben unserer Universitäten einnimmt. Aber diese Tatsache birgt doch auch eine Gefahr in sich. Im allgemeinen lebt die deutsche Theologie in einem akademischen Getto. Sie läuft Gefahr, den Kontakt mit der Wirklichkeit zu verlieren, Theologie um der Theologie willen zu betreiben und nicht um der Menschen willen. Oft beantworten die Theologen Fragen, die niemand gestellt hat und die nur für die Theologen selbst von Interesse sind. Selten findet man eine kritische Reflexion über Position und Funktion der Kirche in der Gesellschaft. Nicht selten errichten Theologen Barrieren zwischen sich selbst und der Öffentlichkeit, indem sie eine spezialisierte akademische Sprache benutzen.

Wir sahen, daß die Theologie der Befreiung einen anderen »Sitz im Leben« hat, einen Sitz im Leben des Volkes. Sie steht in dauernder Kommunikation mit den Basisgemeinden. Dies bedeutet allerdings ein kritisches Verhältnis, in welchem die Praxis der Gemeinden die Theologie kritisiert, aber auch umgekehrt, die Theologen die Praxis der Gemeinden in Frage stellen.

Darüber hinaus ist es unbedingt notwendig, einen permanenten Dialog aufzunehmen zwischen den Theologen Lateinamerikas und den europäischen Theologen. Es nützt niemandem, wenn ein deutscher Theologe die Authentizität der Theologie der Befreiung bestreitet. Es nützt aber auch niemandem, wenn ein lateinamerikanischer Theologe die europäischen Theologen als »Nato-Theologen« beschimpft und auf einem Ende der Kommunikation besteht. Gerade als Theologen brauchen wir eine gegenseitige brüderliche Zurechtweisung.

7. Die politische Dimension von Glaube und Kirche

Religion hatte schon immer eine politische Bedeutung. In der Vergangenheit hatte die Religion oft die Funktion, eine gegebene Gesellschaft zu integrieren und zu stabilisieren. In anderen Gesellschaften hatte sie manchmal auch eine desintegrierende Rolle übernommen, war sie zum Ausgangspunkt des Protestes oder gar einer Revolution geworden. Aber niemals war Religion ohne politische Bedeutung. Dies gilt auch für den christlichen Glauben. Das Theologumenon von der Trinität und der Eschatologie hat enorme politische Konsequenzen gehabt. Verschiedene Verfolgungen von Christen in Vergangenheit und Gegenwart stellen politische Konsequenzen des christlichen Glaubens dar. Auch in der Bundesrepublik Deutschland haben die Kirchen eine enorme politische Bedeutung.

Aber der politische Einfluß des christlichen Glaubens und der Kirchen ist mehr als eine Tatsache. Er stellt auch eine theologische Notwendigkeit dar. Christen und christliche Kirchen haben ein politisches Mandat.

Diese politische Dimension ist sehr klar dargestellt im Alten Testament. Wenn wir die historischen Bücher des Alten Testamentes lesen, dann stellen wir fest, daß Ereignisse wie Kriege, Vertreibung, Besetzung usw. sehr oft als der Wille Gottes interpretiert werden. Aber auch im Neuen Testament haben grundlegende Prinzipien und Leitvorstellungen wie Friede, Freiheit, Gerechtigkeit, Liebe und Brüderlichkeit eine fundamentale politische Dimension. Vielleicht war es im Mittelalter möglich, das Gebot der Nächstenliebe zu erfüllen, indem man dem hungernden Bettler vor der Tür ein Stück Brot gab. Aber wenn man heute dasselbe tun will, das heißt den mehr als achthundert Millionen Menschen, die heute hungern, Brot zu geben, dann muß man politisch handeln. Dies bedeutet nicht, daß individuelle Hilfe heute nicht mehr notwendig sei: ganz im Gegenteil! In unserer hochorganisierten Gesellschaft ist eine Hilfe, die von Mensch zu Mensch geboten wird, notwendiger denn je. Aber zusätzlich sind die Christen und die christlichen Kirchen verpflichtet zu einem leidenschaftlichen Engagement für die Verbesserung einer unerträglichen Situation, wenn sie das Gebot der christlichen Nächstenliebe heute ernst nehmen wollen.

Theologie der Befreiung ist eine ungeheuere Herausforderung für die Kirchen, für jede Gemeinde und für jeden Christen. Zunächst einmal ergibt sich aus der Theologie der Befreiung die Konsequenz, daß wir uns der tatsächlichen politischen Bedeutung von christlichem Glauben und von christlichen Kirchen in unserer Gesellschaft bewußt werden. Darüber hinaus aber haben sich Christen im politischen Bereich zu engagieren. Nur unter diesen Bedingungen wird die Kirche der Botschaft des Neuen Testamentes treu sein und wird ihre Glaubwürdigkeit bei unseren Zeitgenossinnen und Zeitgenossen wiedergewinnen.

8. Die Stellung der Kirche in der Gesellschaft

Theologie der Befreiung fordert die Verwirklichung einer »kenotischen Ekklesiologie«. Dies bedeutet, daß die ganze Kirche orientiert sein muß an der Aussage Pauli: »Seid so gesinnt, wie es das Leben in Christus Jesus fordert: Er war wie Gott, hielt aber nicht daran fest, Gott gleich zu sein, sondern entäußerte sich, wurde wie ein Sklave und den Menschen gleich. Sein Leben war das eines Menschen; er erniedrigte sich und war gehorsam bis zum Tod, bis zum Tod am Kreuz« (Phil 2,5–8). Für die Theologie der Befreiung ist es ein Skandal, daß die Kirche sich mit dem Staat arrangiert und eine große Zahl von Privilegien erhält.

In dem zweiten Brief an die Korinther schreibt Paulus: »Dreimal habe ich den Herrn angefleht, daß dieser Satansengel von mir abläßt. Der Herr aber antwortete mir: Es genügt dir meine Gnade; denn sie erweist ihre Kraft in der Schwachheit. Daher will ich mich all meiner Schwachheit rühmen, damit die Kraft Christi auf mich herabkommt. Deswegen habe ich meine Freude an jeder Schwachheit, an Mißhandlungen und Nöten, an Verfolgungen und Ängsten, die ich für Christus ertrage; denn wenn ich schwach bin, dann bin ich stark« (12,8–10). In Analogie dazu liegt die Macht der Kirche nach Überzeugung der Theologie der Befreiung in ihrer Schwachheit und nicht in ihren Privilegien; und wenn sie schwach ist, dann wird sie stark sein.

9. Parteilichkeit für die Armen

In bestimmter Hinsicht hat die Theologie der Befreiung einen neuen Bedeutungshorizont der Armut entdeckt. Nicht so, daß sie die Armut als ein Ideal für alle darstellt. Wohl aber in dem Sinne, daß der Gott der biblischen Botschaft ein Gott der Armen ist, der sich selbst mit dem Armen identifiziert. Theologie der

Befreiung insistiert auf der Tatsache, daß nur eine Kirche, die das Schicksal der Armen zu ihrem eigenen macht, der Botschaft Jesu Christi treu ist. Dies gilt im selben Sinne für die Kirchen in der »Ersten Welt«. Die Bundesrepublik Deutschland wird mit Recht als ein reiches Land betrachtet. Aber wir dürfen nicht vergessen, daß rund zehn Prozent der Menschen in unserer Gesellschaft strukturell arm sind und arm leben.

In solch einer Situation hat die Kirche, wenn sie die Kirche Jesu Christi sein will, die Aufgabe, sich auf die Seite der Armen zu stellen. Dabei muß es uns klar sein, daß in unserer Gesellschaft nicht nur eine individuelle Armut besteht, sondern eine strukturelle Armut; das bedeutet, daß in unserer Gesellschaft soziale und ökonomische Strukturen existieren, die immer wieder fast automatisch Armut produzieren. Wenn man gegen diese strukturelle Armut angehen will, hat man sich politisch zu engagieren.

In unserer Gesellschaft sind die Armen sprachlos. Oft können sie ihre Probleme, ihr Leiden nicht zum Ausdruck bringen. Sie haben niemals gelernt, über ihre Schwierigkeiten zu sprechen und ihre Sorgen auszusprechen. Der Arme lebt ohne Lobby in unserem sozialen Leben. Angesichts einer solchen Situation hat die Kirche die Aufgabe, den Armen ihre Stimme zu leihen. Sie muß die Interessenvertreterin der Armen in der Öffentlichkeit sein. Sie muß so etwas wie das schlechte Gewissen in unserer Gesellschaft darstellen.

10. Die historische Schuld der Kirchen an der Unterdrückung

Wenn die Theologie der Befreiung uns die Abhängigkeit und Unterdrückung der Völker von Lateinamerika ins Bewußtsein ruft, dann sollten wir dabei niemals vergessen, daß diese Geschichte der Beherrschung vor etwa 500 Jahren begann mit der Kolonisation durch die europäischen Völker, die Christen waren. Vom Beginn an war dieser Prozeß durch Grausamkeit, Habgier und Völkermord gekennzeichnet. Und all dies fand statt im Namen der allerheiligsten Dreifaltigkeit und der heiligen Kirche. Im Namen Gottes wurde ein Indianerdorf nach dem anderen zerstört, nachdem die Indianer vorher in Spanisch oder

Portugiesisch ermahnt worden waren, Christen zu werden. Da niemand von ihnen diese Sprache verstand, wurde ihr Gold und Silber geplündert und die Bevölkerung ermordet, mit Ausnahme der jungen Männer, die als Sklaven oder als lebendige Fleischreserve für die Hunde benötigt wurden, und mit Ausnahme einiger junger Frauen, die als Konkubinen benutzt wurden. Wir haben Augenzeugenberichte, die unvorstellbare Grausamkeiten der Eroberer berichten. Und diese wurden absolviert von Priestern, damit sie danach wieder in ihren Grausamkeiten fortfahren konnten.

Zugegeben: Es gab einige Proteste dagegen; z. B. der eindrucksvolle Bericht von Bartolomé de las Casas an den spanischen König. Aber in der Praxis hat sich nicht viel geändert. Die Kirche segnete und sanktionierte diese Geschichte der Beherrschung, Ausbeutung und Unterdrückung und legitimierte dies im Namen des Glaubens bis in unsere Tage.

Die Konsequenz aus diesen Überlegungen muß das sein, was die Psychoanalyse »Trauerarbeit« nennt. Wir können dies auch mit den Worten des Neuen Testamentes »Metanoia«: Umkehr nennen. Dies bedeutet, daß die Kirche sich dieser Geschichte von Schuld bewußt werden muß. Und daraus erwächst der Kirche eine große Verantwortung, sich für eine radikale Veränderung dieser Situation der Ausbeutung und Unterdrückung einzusetzen.

11. Gegen einen kirchlichen Neokolonialismus

Auch heute hat die Kirche eine missionarische Aufgabe. Allerdings ist die Erfüllung dieser Aufgabe sehr schwierig geworden. Im Hinblick auf Lateinamerika gilt es festzustellen, daß dieser Kontinent in gleichem Maße der missionarischen Bemühungen bedarf wie Europa. Dies bedeutet, daß in Lateinamerika wie in Europa der größte Teil des Volkes getauft wurde, daß es aber darauf ankommt, die Menschen zu einem echten und persönlichen christlichen Glauben zu bekehren.

Es besteht eine alte biblische Tradition, daß eine Kirche der anderen in diesem missionarischen Bemühen hilft. So lesen wir in der Apostelgeschichte: »Man beschloß, daß von den Jüngern jeder nach seinem Vermögen den Brüdern in Judäa helfen solle. Das taten sie auch und schickten ihre Gaben durch Barnabas und Saulus an die Ältesten« (11,29f.). Solche Hilfe ist auch heute notwendig entweder durch Personen oder in der Gestalt von Geld. Aber es ist unbedingt notwendig, daß diese Hilfe geleistet wird ohne jegliche Bedingungen. Ich möchte diesen Punkt deshalb so unterstreichen, weil in der Vergangenheit diese Hilfe von einer Kirche zur anderen manchmal sehr einseitig verteilt wurde und etlichen Bitten um finanzielle Unterstützung deshalb nicht entsprochen wurde, weil diese Projekte vom Geiste der Theologie der Befreiung geprägt waren. Dies stellt einen Skandal dar. Die Kirchen hier in Europa haben unbedingt die Autonomie der Kirchen und Gemeinden in Lateinamerika zu respektieren. Es ist die Aufgabe der Kirche in Lateinamerika, die pastoralen Entscheidungen selbst zu treffen.

12. Die Kirchen als Interessenvertreterin für die »Dritte Welt«

Durch die Theologie der Befreiung ist uns von neuem bewußt geworden, von welch großen strukturellen Ungerechtigkeiten die sogenannte »Weltwirtschaftsordnung« geprägt ist. Für mich besteht kein Zweifel daran, daß diese sogenannte freie internationale Marktordnung ein System von Abhängigkeit, Ausbeutung und Unterdrückung darstellt mit der Konsequenz, daß etwa 800 Millionen Menschen hungern. Ich weigere mich, dies eine Ordnung zu nennen, die als Konsequenz mit sich bringt, daß die Reichen die Armen durch strukturelle Gewalt zwingen, zu hungern oder zu verhungern.

Die unterdrückten Völker der »Dritten Welt« haben keinen Fürsprecher in unserer europäischen Gesellschaft. Im Hinblick auf die äußerst machtvolle Lobby der wirtschaftlichen Interessen und vor allem auch der multinationalen Unternehmen ist das hungrige Volk der »Dritten Welt« hier ohne Einfluß.

Deshalb haben die Kirchen hier die Aufgabe, die Interessenvertreterin der Menschen in der »Dritten Welt« in unserer Gesellschaft zu sein. Dies ist ihre Pflicht. Es ist absolut notwendig. Und es ist möglich. Ich möchte ein Beispiel dafür geben. Willy Brandt erzählte mir einmal, daß er bereits zu Beginn der sechziger Jahre überzeugt war, daß die Bundesrepublik Deutschland die Oder-Neiße-Grenze als Westgrenze Polens anerkennen müsse. Aber er wagte es erst, dies öffentlich zu sagen, als die beiden Kirchen sich in diesem Sinne ausgesprochen hatten. Analog zu diesem Vorgang haben die Kirchen heute die Interessenvertreterin für die »Dritte Welt« zu sein, damit die Politiker die notwendigen und einschneidenden Entscheidungen für einen radikalen Wandel treffen können.

13. Die Befreiung des Unterdrückers

Die Befreiungstheologie ist vor allem engagiert im Hinblick auf die Befreiung der unterdrückten Menschen. Folglich verurteilt sie die Unterdrückung, aber nicht die Unterdrücker.

Hegel hat nun sehr gut dargestellt, wie der Herr seinem ganzen Wesen nach auf den Knecht bezogen ist. Das Wesen des Herrn besteht in seiner Beziehung zu seinem Knecht und umgekehrt. Das Ziel kann deshalb nicht darin bestehen, die zwei Rollen auszutauschen, sondern neue Formen der Kommunikation zu schaffen ohne Herrschaft von Menschen über Menschen, ohne Herr und ohne Knecht.

Für die Kirchen in der »Ersten Welt« bedeutet dies, daß sie sich engagieren müssen in dem Kampf für die Befreiung der unterdrückten Völker in der »Dritten Welt«. Aber es muß auch zu einer Befreiung des Unterdrückers kommen. Beides ist notwendig. Im Laufe etlicher Gespräche, die ich in Lateinamerika hatte, sagten meine Freunde zu mir: »Die wichtigste Aufgabe für euch in Deutschland besteht darin, die Situation in Deutschland zu verändern.«

Dies bedeutet, daß wir selbst uns bewußt sein müssen, daß wir Unterdrücker sind. In der internationalen Sphäre sind die Völker der »Ersten Welt« Unterdrücker der Völker in der »Dritten Welt«. Wir sind so reich, weil die Völker in der »Dritten Welt« so arm sind. Wir sind oft so fett, weil die anderen hungern.

Theologie der Befreiung ist eine radikale Herausforderung an die Christen in der »Ersten Welt«, die Entfremdung des Unterdrückten und des Unterdrückers zu überwinden.

Der Konflikt um die Theologie der Befreiung

A) Einige Thesen zur Entstehung der Theologie der Befreiung

1. Die Theologie der Befreiung kann nur verstanden werden vor dem Hintergrund der unmenschlichen Unterdrückung und Ausbeutung der Menschen in Lateinamerika vor allem in folgender Hinsicht:
a) durch den Rassismus
b) die Unterdrückung der Frauen durch den »Machismo«
c) durch das kapitalistische Wirtschaftssystem
d) durch den Militarismus
e) durch den nordamerikanischen Imperialismus.

2. Die Hoffnungen, welche viele Christen, auch christliche Theologen auf die Entwicklungspolitik der Vereinten Nationen und der Staaten der »Ersten Welt« setzten, wurden bitter enttäuscht. In der zweiten Hälfte der sechziger Jahre dieses Jahrhunderts wurden sich immer mehr Christen der Tatsache bewußt, daß *aufgrund* der Entwicklungspolitik die Verelendung der Menschen noch größer geworden war. Die Dependenztheorie wurde von immer mehr Christen übernommen, eine Theorie, die in ihrem Kern besagt, daß zwischen dem wachsenden Reichtum der Menschen in der »Ersten Welt« und der kleinen Elite in der »Dritten Welt« auf der einen Seite und der wachsenden Armut der Menschen in der »Dritten Welt« auf der anderen Seite ein ursächlicher Zusammenhang besteht.

3. Das Entstehen der Theologie der Befreiung Ende der sechziger Jahre wurde mit beeinflußt durch das zweite Vatikanische Konzil, durch die neue »politische Theologie« in der Bundesrepublik Deutschland (Johann Baptist Metz; Jürgen Moltmann) und durch die Rezeption der neueren kritischen katholischen Soziallehre.

4. Das Entstehen der Theologie der Befreiung ist in engstem Zusammenhang zu sehen mit der Bewegung der Basisgemeinden. Deren Hauptkennzeichen ist es, daß dieselbe christliche Gemeinde, welche Gottesdienst feiert und die Bibel interpretiert, sich *als Gemeinde* auch politisch engagiert.

B) Einige Thesen zur Geschichte des Konfliktes

1. Die neuentstandene Theologie der Befreiung war in einer ersten Phase vom Ende des zweiten Vatikanischen Konzils (1965) bis zu der vierzehnten ordentlichen Versammlung des lateinamerikanischen Bischofsrates (CELAM) 1972 in Sucre / Bolivien von fast der gesamten lateinamerikanischen Kirche, gerade auch von der Amtskirche, bereitwillig aufgenommen und integriert worden. Man kann dies beispielsweise an dem Schlußdokument der zweiten Generalversammlung des lateinamerikanischen Episkopates in Medellin 1968 erkennen.

2. In dem seit 1972 entstehenden innerkirchlichen Kampf gegen die Theologie der Befreiung – in einer zweiten Phase also – spielt bis heute eine große Rolle Alfonso Lopez Trujillo: 1972 bis 1979 Generalsekretär von CELAM, 1979–1983 Präsident von CELAM, seit 1979 Erzbischof von Medellin in Kolumbien, seit 1983 Kardinal.

3. Ferner spielt als Gegner der Theologie der Befreiung eine große Rolle der Jesuit Roger Vekemanns. Das von ihm geleitete Institut in Bogota sieht seine einzige Aufgabe darin, eine systematische Kampagne gegen die Theologie der Befreiung zu führen. Es gibt ernstzunehmende Berichte, daß sein Institut von der CIA mitfinanziert wird.

4. Seit 1972 begann die unheilige Koalition zwischen dem lateinamerikanischen Bischofsrat, den konservativen Kräften in der römischen Kurie mit politischen totalitären Kräften. Dieser Konflikt endete für viele Christen in Lateinamerika tödlich. Das neue lateinamerikanische Martyrologium zählt rund 250 von ihnen namentlich auf. Es ist wichtig zu sehen, daß der 1984 öffentlich wahrnehmbare und wahrgenommene Konflikt bereits 1972 begonnen hat und seitdem mit unerbittlicher, völlig unchristlicher Härte geführt wird.

5. Verhängnisvoll war, daß die konservativen Kreise um Lopez Trujillo, Vekemanns und Bonaventura Kloppenburg sich mit konservativen inner- und außerkirchlichen Kräften vor allem in der Bundesrepublik Deutschland verbanden und 1973 den Studienkreis »Kirche und Befreiung« gründeten. Einflußreich wurde in diesem Studienkreis Bischof Franz Hengsbach von Essen. Entgegen seinem Namen tat dieser Studienkreis alles, um die Theologie der Befreiung zu bekämpfen. Eine der einflußreichen Personen in diesem Studienkreis, Lothar Bossle, Professor für Soziologie an der Universität Würzburg, schrieb im Vorwort einer der Veröffentlichungen dieses Studienkreises: »Europäische Christen haben daher die Verpflichtung, durch die Darlegung der europäischen Mißerfolge jener Ideen, die grundlegend für die Befreiungstheologie sind, einen Beitrag zu leisten, um Lateinamerika vom Trauma der Theologie der Befreiung zu befreien.« Und Franz Hengsbach sagte: »Die sogenannte Theologie der Befreiung führt ins Nichts. In ihrer Konsequenz liegt der Kommunismus. Revolution ist kein Weg zur Besserung der Verhältnisse.«

6. In der Kampagne gegen die Theologie der Befreiung spielt die katholische innerkirchliche Organisation »Opus Dei« eine große Rolle.

7. Bereits 1977 wandten sich bundesrepublikanische Theologen (Walter Dirks, Norbert Greinacher, Johann Baptist Metz, Karl Rahner, Herbert Vorgrimler und Hans Zwiefelhofer) in einem Memorandum gegen diese Kampagne zur Bekämpfung der Theologie der Befreiung.

8. Gegen den erbitterten Widerstand der konservativen Kräfte konnten sich Geist und Buchstabe der Theologie der Befreiung auf der dritten Generalversammlung des Episkopates von Puebla im Jahre 1979 durchsetzen.

9. Die von nordamerikanischen Regierungsbehörden ausgearbeitete Doktrin »der nationalen Sicherheit«, die von den lateinamerikanischen Militärdiktaturen übernommen wurde, sieht in der Theologie der Befreiung eine von Moskau initiierte kommunistische Doktrin und bekämpft diese Theologie der Befreiung mit – *buchstäblich* – allen Mitteln. So gab zum Beispiel die von dieser Doktrin infiltrierte Todesschwadron in El Salva-

dor die Parole aus: »Diene deinem Vaterland – töte einen Priester!«

C) Zentrale Streitpunkte des Konfliktes

Auf die Gefahr einer gewissen Schematisierung hin soll nun im folgenden versucht werden, vier Bereiche anzusprechen, die im Zentrum des Streites stehen: das Verständnis des *christlichen Glaubens*, das Selbstverständnis der *Theologie*, die Sicht der *Kirche* und die Bestimmung des Ortes der *Kirche in der Gesellschaft*. Schon hier wird deutlich, daß es sich bei diesem Konflikt keineswegs um eine theologische Randfrage oder auch um eine theologische Einzelfrage handelt, sondern daß es sich um einen umfassenden Konflikt unter Christen über das Verständnis von christlichem Glauben und seiner Verwirklichung in der heutigen Situation handelt.

1. Das Verständnis von christlichem Glauben

Die Diskussion um die Theologie der Befreiung konfrontiert uns erneut mit der Frage, was es eigentlich beinhaltet, wenn wir im Glaubensbekenntnis von Jesus Christus sagen, daß er für uns Menschen und *um unseres Heiles willen* vom Himmel herabgestiegen sei. Immer wieder in der Christentumsgeschichte tauchte diese Frage auf, wie sich denn die Natur von Mensch und Welt, von Geschichte und Gesellschaft, die Verfassung von Mensch und Kosmos nach dem Sündenfall und nach der Menschwerdung Jesu Christi und vor der eschatologischen Vollendung verhalte zu der Gnade und dem Heil, die den Menschen in Jesus Christus zuteil wurden. Die Theologen der Befreiung stellen von neuem die Frage nach dem Verhältnis von Natur und Übernatur.

Ohne nun mit dem Anspruch einer vollkommen neuen oder absolut gültigen Antwort aufzutreten, stellen sich die meisten Theologen der Befreiung angesichts der Situation der Unterdrückung, in der sie leben, auf den Standpunkt: Die in Jesus Christus grundsätzlich vollzogene und anfanghaft verwirklichte Erlösung kann sich nicht nur auf die Seele des Menschen, auf seine übernatürliche Dimension, sie kann sich nicht nur auf die Heilswirklichkeit der Kirche und ihrer Sakramente beziehen, sondern sie zielt auf die umfassende Befreiung des Einzelnen und der Gesellschaft in umfassender Hinsicht. Jesus Christus wollte den Menschen nicht nur partiell, sondern als ganzen Menschen in all seinen Dimensionen und in seiner umfassenden Wirklichkeit heilmachen.

Damit ist aber auch gleichzeitig ausgesagt, daß jede geschichtliche Befreiungstat aus wirtschaftlicher, politischer oder sonstiger Unfreiheit einen ganz engen Bezug zur Heilsgeschichte Gottes mit den Menschen hat. Allerdings überschreitet auch die uns in Jesus Christus geschenkte Gnade Gottes alle menschlichen und damit begrenzten und bedingten Bemühungen und Erfolge, ganz abgesehen von der bleibenden Sünde und der weiter bestehenden grundlegenden Entfremdung des Menschen, etwa durch Krankheit und Tod.

Damit ist aber auch gleichzeitig eine fundamentale *Politisierung des Glaubens* ausgesagt. Dieser Begriff verliert dann seinen provokativen Charakter und seine Mißverständlichkeit, wenn man sich die ursprüngliche Bedeutung des Wortes Polis in Erinnerung ruft: Stadt, Gemeinwesen. Politisierung des Glaubens bedeutet dann, daß Theorie und Praxis christlichen Glaubens und der Kirche eine grundlegende politische Dimension, also einen Bezug zur Öffentlichkeit und zur Gesellschaft haben.

Das gilt zunächst einmal in *faktischer* Hinsicht. Obwohl es eine Binsenwahrheit ist, muß es doch noch einmal gesagt werden: Selbst und gerade dann, wenn Christen und Kirchen und Theologen sich unpolitisch in der Geschichte der Christenheit verstanden: politisch jungfräulich waren sie nie. Gerade die Kampagne gegen die Theologie der Befreiung zeigt noch einmal deutlich, daß eine unpolitisch verstandene Sicht von Kirche und christlichem Glauben erhebliche politische Konsequenzen hat.

Hinzu kommt aber ein anderer Gesichtspunkt, den die »Neue politische Theologie« zu Recht herausgearbeitet hat, daß nämlich zentrale Wirklichkeiten der jüdischen und christlichen Traditionen notwendigerweise politische Implikationen und Konsequenzen haben: Man denke an Friede, Gerechtigkeit, Freiheit, Liebe, Gleichheit, Brüderlichkeit.

Wenn man aber mit den Theologen der Befreiung die politische Dimension des Glaubens betont, bedeutet dies nicht, wie fälschlicherweise immer wieder unterstellt wird, daß damit der christliche Glaube mit der politischen Wirklichkeit identifiziert würde oder der christliche Glaube zu politischen Zwecken instrumentalisiert, der Glaube der Politik untergeordnet wird. Christlicher Glaube hat einen gnadenhaften »Mehrwert« (sit venia verbo!), will sagen einen von Gott geschenkten »Überschuß«, der von der politischen Wirklichkeit nie eingeholt wird. Vor allem aus diesem Grund ist es möglich, daß christlicher Glaube und die christlichen Kirchen die Erinnerung an das Heilsgeschehen, das sich in Jesus Christus vollzogen hat, als subversives, als kritisches Potential in Geschichte und Gesellschaft einbringen können.

2. Das Selbstverständnis von Theologie

Theologie der Befreiung geht vom Primat der Orthopraxie über die Orthodoxie aus. Sie erkennt Erfahrungen des einzelnen Christen, der christlichen Gemeinden, ja von ihren Zeitgenossinnen und Zeitgenossen als »locus theologicus«, als eine wichtige Quelle theologischer Erkenntnis an. Dies ist allerdings eine *andere Art, Theologie zu treiben*, als das in Jahrhunderten in Europa geschah und heute in den reichen Industrieländern geschieht. Der Konflikt um die Theologie der Befreiung hätte sicher einen anderen Verlauf genommen, wenn bestimmte kirchliche Amtsträger und die Theologen der römischen Kurie nicht ihre Art, Theologie studiert und doziert zu haben, zum alleinigen Maßstab dafür genommen hätten, wie christliche Theologie beschaffen sein muß. Wenn man allerdings davon ausgeht, wie Jesus selbst und wie die Autoren des Neuen Testamentes ihren Glauben reflektierten, dann spricht doch vieles für die Theologie der Befreiung: für ihre Art, von alltäglichen Begebenheiten, von primären Erfahrungen, von konkreten Konflikten und Problemen, von den Gemeindegottesdiensten auszugehen und dann darüber zu reflektieren.

Dies gesagt, soll aber – im guten Sinne: apologetisch – noch hinzugefügt werden: Die Theologen der »Ersten Welt« haben zwar sicher zu lernen von ihren Kollegen aus der »Dritten Welt«, ja sie müssen sich dieser Herausforderung stellen. Aber sie werden einerseits nicht hinter die Aufklärung zurückfallen dürfen, sicher auch nicht hinter die »Dialektik der Aufklärung«, und sie werden andererseits die christliche Botschaft zu reflektieren haben auf der Reflexionsebene, welche die intellektuelle Welt in Europa und anderswo kennzeichnet.

Dies bedeutet aber, daß die Legitimität einer »kontextuellen Theologie«, das heißt einer Pluralität von theologischen Methoden, die ihren Sitz im jeweiligen konkreten Leben der Menschen und ihrer Gesellschaft haben, unbedingt anerkannt werden muß. Das heißt aber auch, daß diese verschiedenen Theologien im kritischen Gespräch miteinander bleiben müssen und sich gegenseitig den Dienst einer »correctio fraterna«, einer brüderlichen und schwesterlichen Zurechtweisung leisten sollen.

Der Theologie der Befreiung wurde von der römischen Instruktion auch der Vorwurf gemacht, daß sie sich einer »vom Rationalismus geprägten biblischen Hermeneutik« bediene. In diesem Zusammenhang wurde der Theologie der Befreiung auch unterschoben, daß sie sich die auf Bultmann zurückgehende Entmythologisierung der Bibel zu eigen gemacht habe. Wer einen solchen Vorwurf erhebt, muß sich die Frage gefallen lassen, ob er sich mit der Theologie der Befreiung auch wirklich auseinandergesetzt hat.

Daß es allerdings Unterschiede im *Umgang mit den Schriften des Alten und Neuen Testamentes* gibt zwischen der traditionellen Theologie und der Theologie der Befreiung, muß deutlich gesehen werden. Es macht einen Unterschied aus, ob ein Theologe der Befreiung bestimmte Traditionen der Bibel aufgrund der Erfahrungen und Gebete und Meditationen von Unterdrückten und Notleidenden interpretiert oder ob ein Theologieprofessor am Schreibtisch über die biblische Armut schreibt. Dabei soll auch nicht verschwiegen werden, daß es im Gesamten der Theologie der Befreiung einige Außenseiter gibt, die vorschnelle, naive Identifizierungen vornehmen zwischen Gedanken, Wirklichkeiten und Bildern der biblischen Botschaft und der heutigen politischen Situation in Lateinamerika. Aber wer die schriftlichen und mündlichen Erklärungsversuche des Alten und Neuen Testamentes der Theologie der Befreiung unvoreingenommen auf sich wirken läßt, muß von ihrer tiefen Frömmigkeit und von ihrem kirchlichen Sinn beeindruckt sein. Als europäischer Theologe fragt man sich allerdings manchmal, ob den Theologen der Befreiung nicht ein vertieftes Studium der historisch-kritischen Methode der Exegese guttun würde. Gerade an dieser Stelle zeigt sich aber noch einmal, wie notwendig ein theologischer Dialog ist.

Vor allem auch im Verhältnis zu den nichttheologischen Wissenschaften, besonders zu den *Sozialwissenschaften*, zeigt sich der Streitpunkt zwischen der traditionellen Theologie und der Theologie der Befreiung deutlich. Das Verhältnis der traditionellen Theologie zu den nichttheologischen Wissenschaften, etwa zur Philosophie, ist nach wie vor durch die »ancilla-Funktion« bestimmt: Die nichttheologischen Wissenschaften haben Dienstfunktion zu leisten, dürfen aber das »Heiligtum« der Theologie nicht betreten.

So schwierig nun das Verhältnis zwischen Theologie und nichttheologischen Wissenschaften – wie überhaupt das Verhältnis verschiedener wissenschaftlicher Disziplinen zueinander – wissenschaftstheoretisch zu bestimmen ist: Für die Theologie der Befreiung sind die Erkenntnisse vor allem der Sozialwissenschaften nicht nur »präliminaria«, nicht nur Hinführung zur Theologie, sondern sie sind Bestandteil des theologischen Arbeitens selbst. Für die Theologen der Befreiung kann theologische Arbeit nie bedeuten, von der konkreten Situation der Unterdrückung abzusehen und über theologische Wahrheiten »an sich« nachzudenken.

Dabei erscheint diese Art des Selbstverständnisses von Theologie ehrlicher und richtiger zu sein. Denn spätestens seit den Erkenntnissen der Wissenssoziologie dürfte doch deutlich geworden sein, daß es überhaupt keine wissenschaftliche Reflexion gibt, die unabhängig von einer bestimmten Sprache, einem bestimmten Vorausverständnis, einer bestimmten Weltsicht, ja einem bestimmten Interesse Wissenschaft betreiben kann.

Daß dies eine Fülle von theologischen Problemen mit sich bringt, je nachdem etwa, welcher Richtung der Sozialwissenschaften man folgt, ist ohne weiteres zuzugeben. Allerdings ist es unerläßlich, sich diese Voraussetzungen und Bestandteile des eigenen theologischen Denkens bewußt zu machen, anstatt faktisch zwar sehr oft von einem bestimmten Weltbild oder einer bestimmten Sicht der Gesellschaft auszugehen, sich dies aber vor sich selbst und vor anderen nicht einzugestehen.

Gerade dieses Problem zeigt sich noch einmal sehr deutlich beim Verhältnis der Theologie der Befreiung zur *katholischen Soziallehre.* Wir haben an anderer Stelle darauf hingewiesen, wie die neue katholische Soziallehre, vor allem die Pastoralkonstitution über die Kirche in der Welt von heute des Zweiten Vatikanischen Konzils (1965) und die Enzyklika »Populorum progressio« (1967) der Theologie der Befreiung wichtige Impulse gab.

Und in der Tat: Im Eintreten für soziale Gerechtigkeit, im Engagement für die Menschenwürde, in der Parteinahme für die Armen und Entrechteten, in der scharfen Kritik am kapitalistischen System und an etlichen anderen Punkten baut die Theologie der Befreiung auf bestimmten Traditionen der katholischen Soziallehre auf, entfaltet sie aber auch an entscheidenden Punkten weiter, etwa im Hinblick auf die sozialen Menschenrechte, auf die Beurteilung des Klassenkampfes, auf die Verurteilung des Neokolonialismus, auf die Bedeutung der transnationalen Konzerne.

Gerade an diesen und anderen Punkten zeigt sich aber andererseits auch die Schärfe des Konfliktes mit denjenigen Traditionen der katholischen Soziallehre, welche durchaus selektiv vorgehen und die Kapitalismuskritik, wie sie etwa noch einmal in der Enzyklika »Laborem exercens« (1981) verschärft wurde, unterschlagen und im Grunde eine katholische Soziallehre vertreten, welche nur der religiösen Legitimierung des kapitalistischen Systems dient.

3. Die Sicht der Kirche

Ein wichtiger Streitpunkt in dem Konflikt um die Theologie der Befreiung ist sicher auch eine verschiedene Sicht der Kirche. Dabei handelt es sich in erster Linie nicht um eine unterschiedliche theoretische Sicht der Kirche, also weniger um eine ekklesiologische Frage, als um verschiedene Arten der Verwirklichung von Kirche.

Man hat der Theologie der Befreiung oft vorgeworfen, daß sie gegen das Amt in der Kirche sei, daß sie mit dem Wort und der Verwirklichung der »Kirche des Volkes« eine Gegenkirche schaffe zur hierarchischen Kirche. Dies ist auch einer der Vorwürfe, die von Kardinal Ratzinger gegen Leonardo Boff erhoben wurden.

In Wirklichkeit handelt es sich aber nicht um eine Leugnung des Amtes in der Kirche, sondern um eine andere Art der *Praxis des kirchlichen Amtes*, um eine völlig andere Art, das kirchliche Amt (zum Beispiel als Priester, als Bischof, als Ordensobere) zu verwirklichen. Und genauso handelt es sich bei Idee und Wirklichkeit der Kirche des Volkes nicht um eine Gegenkirche – dieser Beweis muß erst einmal erbracht werden! Wohl aber handelt es sich darum, daß Kirche anders erlebt, erfahren, verwirklicht wird, als dies jahrhundertelang in Lateinamerika geschah. Und davor haben viele Angst!

Was die Praxis des kirchlichen Amtes betrifft, so zeigt es sich aber, daß diejenigen Amtsträger, die aus dem Geist der Theologie der Befreiung leben, die Begriffe von Dialog, von Brüderlichkeit und vom Dienen der Amtsträger nicht nur im Munde führen, sondern versuchen, sie in die Tat umzusetzen. Diesen Amtsträgern ist klargeworden, daß sie ihre Autorität nicht kraft Amtes automatisch durchsetzen können, sondern nur dann, wenn sie mit christlichen Argumenten und durch die Praxis ihres Lebens überzeugen.

Und die *Kirche des Volkes* beweist durch ihre lebendige Praxis, daß Kirche für das Neue Testament zunächst einmal die konkrete Gemeinde meint und die übergemeindlichen Strukturen und Ämter vor allem den Sinn haben, das Leben der christlichen Gemeinde vor Ort zu ermöglichen.

Diese neue Praxis von Amt und Kirche fordert in der Tat bestimmte, gesellschaftlich gewordene und geschichtlich bedingte Strukturen in der Kirche heraus, die heute eine strukturelle Häresie in der Kirche darstellen.

Einer der wesentlichen Streitpunkte in dem Konflikt um die Theologie der Befreiung ist sicher auch darin zu suchen, daß einige Amtsträger in Lateinamerika und vor allem auch in der römischen Kurie sich nicht lösen können von einer Sicht der Kirche, die stark zentralistisch geleitet, völlig eurozentrisch gestaltet und absolutistisch-monarchisch regiert wird. Ganz davon abgesehen, daß eine solche Sicht völlig unhistorisch ist, weil sie eine ganz bestimmte, relativ junge Gestalt der katholischen Kirche zur einzig gültigen erhebt: Eine solche Verabsolutierung einer bestimmten gesellschaftlichen Form der Kirche kann sich auch vor den Aussagen des Neuen Testamentes nicht legitimieren. Es drückt sich darin auch eine neokolonialistische Sicht der europäischen Kirche aus, die zudem die politische und wirtschaftliche Situation in Lateinamerika völlig verkennt. Es wird auch nicht zur Kenntnis genommen, wie spätestens seit den Generalversammlungen des lateinamerikanischen Episkopates von Medellin und Puebla ein neues Selbstbewußtsein einer kontinentalen Kirche entstanden ist, die in wenigen Jahren über die Hälfte aller Katholiken der ganzen Welt umfassen wird.

Es ist heute einfach unmöglich, die Weltkirche nach dem Modell einer bestimmten Nationalkirche – sei es die polnische Kirche oder die deutsche Kirche – uniform gestalten zu wollen. Die universale Kirche wird nur überleben können, wenn sie – wie es das Neue Testament selbstverständlich tut und wie es im zweiten Vatikanischen Konzil deutlich zum Ausdruck gebracht wurde – die Pluriformität von verschiedenen Theologien, Spiritualitäten, gesetzlichen Regelungen, liturgischen Formen und organisatorischen Strukturen als legitim anerkennt. Aus einer eurozentrierten, römischen Kirche muß eine konziliare, d. h. eine vielgestaltige, plurozentrische Kirche werden.

4. Der Ort der Kirche in der Gesellschaft

Es ist bekannt, wie sich die beiden Generalversammlungen des lateinamerikanischen Episkopates von Medellin und Puebla für eine vorrangige Option für die Armen entschieden haben. Niemand in der Kirche wird diese Entscheidung zu kritisieren wagen. Und wie zum wiederholten Male der Papst, kritisiert auch die römische Instruktion vom 6. August 1984 »die Anhäufung des Großteils der Reichtümer durch eine Besitzoligarchie ohne soziales Gewissen, das fast völlige Fehlen oder die Mängel des Rechtsstaates, die Militärdiktaturen, die die elementaren Menschenrechte mißachten, die Korruption bestimmter Machthaber, die zügellosen Praktiken des ausländischen Kapitals«. Man sieht: Der Sache nach gibt es große Übereinstimmung zwischen der Theologie der Befreiung und der römischen Instruktion, was die Analyse der Situation in Lateinamerika betrifft.

Der Streit aber beginnt spätestens dann, wenn sich die Frage stellt, welche *politischen Konsequenzen* einzelne Christen, kirchliche Amtsträger, kirchliche Gemeinden und Diözesen und Nationalkirchen daraus zu ziehen haben. Dies ist der wichtige Unterschied: Die Theologen der Befreiung und die Christinnen und Christen, die aus dieser Theologie leben, sind bereit, aus dieser Option für die Armen konkrete politische Forderungen abzuleiten, konkrete Personen und Gruppen beim Namen zu nennen, die gegen die Menschenwürde verstoßen, sich auf konkrete politische Aktionen einzulassen: als einzelne und als christliche Gemeinde.

Das schreibt sich natürlich leicht. Für die Betroffenen aber bedeutet dies nur allzu oft Not und Entbehrung, Folter und Gefängnis, ja Tod. Und dennoch tun sie es, weil sie davon ausgehen, daß die Wahrheit konkret sein muß und daß sie in der Nachfolge Jesu Christi nicht nur Forderungen theoretisch erheben dürfen, sondern mit Leib und Leben in der Praxis dafür einzustehen haben. Diese christlichen Frauen und Männer tun dies auch im Bewußtsein des Risikos, das sie damit eingehen, weil sie ja auch einmal das Falsche tun könnten, weil sie vielleicht von falschen Voraussetzungen ausgehen oder die Situation falsch oder ungenügend analysiert haben. Und dennoch entscheiden sie sich für diese konkrete Parteilichkeit für die Armen, weil auch Jesus von Nazareth konkret parteilich war für die Entrechteten und Armen und weil auch er die tödliche Konsequenz auf sich nahm.

Analoges gilt für die Einstellung zur Dependenz-Theorie. Papst Johannes Paul II. machte sich in seiner Eröffnungsansprache der Generalversammlung des lateinamerikanischen Episkopates von Puebla eine wichtige Aussage dieser Theorie zu eigen, indem er zwischen dem wachsenden Reichtum der wenigen Reichen und der wachsenden Armut der großen Zahl der Armen ein kausales Verhältnis sah. Die Frage aber bleibt, ob die einzelnen nationalen Kirchen in den kapitalistischen Ländern, ob die Theologen der römischen Kurie, ob die Amtsträger und christlichen Frauen und Männer in den reichen Kirchen des Nordens dies auch so sehen und vor allem ob sie daraus auch Konsequenzen ziehen für ihr eigenes Leben, für die Finanzen der Kirche und für die Politik der industrialisierten Länder. Wenn man die Auseinandersetzungen in den katholischen Kirchen Kanadas und der Vereinigten Staaten von Nordamerika verfolgt, dann scheint es dort so zu sein, daß die katholischen Christen sich dieses schuldhaften Zusammenhangs bewußt werden und versuchen, daraus Konsequenzen zu ziehen. Den einzelnen Christen, den christlichen Gemeinden und nationalen Kirchen wäre es dann verwehrt, in Theorie und Praxis die Ausbeutung der Länder der »Dritten Welt« durch die »Erste Welt« weiterhin religiös zu vertreten oder gar zu legitimieren, wenn etwa die Zukunft der freien Marktwirtschaft mit der Zukunft der Kirche identifiziert wird, wie dies Kardinal Döpfner einmal unter Berufung auf sein kirchliches Lehramt getan hat.

Es müßte auch den Kritikern der Theologie der Befreiung zu denken geben, in welche *faktische* Koalition sie mit ihrer Kritik geraten. Sicher hat die römische Instruktion ausdrücklich unterschieden zwischen verschiedenen Richtungen in der Theologie der Befreiung. Aber aufs Ganze gesehen hat die Instruktion der Öffentlichkeit dennoch ein völlig falsches Bild von der Theologie der Befreiung vermittelt. Dadurch, daß die Instruktion verschweigt, daß die Theologie der Befreiung die Schlußdokumente der Generalversammlungen des lateinamerikanischen Episkopates von Medellin und Puebla weithin geprägt hat, daß diese Theologie von der Mehrheit etwa der brasilianischen Bischofskonferenz als Fundament ihrer Praxis angesehen wird, daß Millionen von Christen in Lateinamerika aus dieser Theologie der Befreiung leben, dadurch, daß verschwiegen wird, daß die allermeisten Theologen der Befreiung sich in den Ausführungen der Instruktion aber auch nicht im geringsten wiedererkennen, dadurch mußte in der Öffentlichkeit der falsche Eindruck entstehen: Die meisten Theologen der Befreiung verkünden einen solchen theologischen Unsinn, wie ihn die Instruktion zu Recht verurteilt.

Und in der Tat: Wer sich mit der Theologie der Befreiung vorher nicht befaßt hat, mußte den Eindruck gewinnen: Hier handelt es sich um eine für das Christentum tödliche Bewegung, von der nur einige wenige Theologen der Kirche treugeblieben sind. In Wirklichkeit ist gerade das Gegenteil der Fall: Die Theologie der Befreiung und die mit ihr aufs engste verbundene Basisgemeindenbewegung sind zum gewichtigen Bestandteil der Kirche in Lateinamerika, auch und gerade der Amtskirche geworden, und die von der Instruktion kritisierten Theologen bilden eine ganz unbedeutende, kleine Minderheit, stellen ein völliges Randphänomen im Ganzen der lateinamerikanischen Kirche dar.

Dies nicht deutlich gemacht zu haben ist ein schuldhaftes Versäumnis der Instruktion. Die Folgen zeichnen sich ab. Der Tenor der meist konservativ geprägten Presse in Lateinamerika lautete in den Tagen nach der Veröffentlichung der Instruktion: Rom hat endlich die, wie es dort heißt, »marxistische Theologie der Befreiung« verurteilt. Und damit ist die gesamte Theologie der Befreiung in Lateinamerika diskriminiert, weil in den Augen der reaktionären politischen Kräfte in Lateinamerika jede Person, die sich für mehr Gerechtigkeit und Freiheit einsetzt, nur Marxist und Kommunist sein kann. Die Folgen erfahren die Theologen der Befreiung, die kirchlichen Amtsträger und die Frauen und Männer in den Basisgemeinden buchstäblich am eigenen Leibe.

Damit sind wir bei dem wahrscheinlich entscheidendsten Punkt des Konfliktes um die Theologie der Befreiung angelangt: dem eingefleischten, blinden und ideologischen *Antikommunismus* in der katholischen Kirche.

Um Mißverständnissen vorzubeugen, sei dies in aller Deutlichkeit vorausgeschickt: Es ist das gute Recht, ja es ist die Pflicht der Christen, der christlichen Theologen und selbstverständlich auch der universalen Kirchenleitung, auf der Grundlage des christlichen Glaubens Theorie und Praxis der Staaten des real existierenden Sozialismus zu kritisieren. Von Sachfragen einmal abgesehen: Wie könnte man sonst vor jenen christlichen Frauen und Männern bestehen, die ebenfalls unter Einsatz ihres Lebens aufgrund ihres christlichen Glaubens sich in diesen Staaten für Menschenrecht und Menschenwürde einsetzen? Und jeder Christ und jeder christliche Theologe wird auf der Grundlage der jüdischen und christlichen Traditionen die Theorien von Karl Marx wie die Theoretiker und Praktiker des Marxismus und des Leninismus kritisch zu prüfen haben.

Nur: Es darf kein blinder, ideologischer Antikommunismus sein. Diese Art des Antikommunismus hat zur Zeit des beginnenden Nationalsozialismus viele Christen und kirchliche Amtsträger in Deutschland verleitet, allein deswegen für den Nationalsozialismus zu sein, weil dieser antikommunistisch war. Die Analyse des Marxismus durch die römische Instruktion ist von einem ähnlich blinden Antikommunismus gekennzeichnet. Diese Aussagen werden weder Karl Marx noch Rosa Luxemburg, noch den meisten zeitgenössischen marxistischen Philosophen, noch einem »Sozialismus mit menschlichem Antlitz«, noch den Theoretikern des Eurokommunismus gerecht. Die Ergebnisse des christlich-marxistischen Dialoges nach dem letzten Weltkrieg, vor allem im Rahmen der Paulus-Gesellschaft, zuletzt noch in Budapest im Frühjahr des Jahres 1984 unter Beteiligung von Karl Rahner, werden einfach nicht zur Kenntnis genommen.

Die Theologen der Befreiung gehen hier viel unbefangener, aber nicht unkritisch vor. Sie handeln nach dem Grundsatz des Paulus: »Alles prüfet, was gut ist, das behaltet« (1 Thess 5,21). So wie Theologen im Altertum sich gnostischer – und das heißt unchristlicher und heidnischer – Begriffe und Bilder auf unbefangene Weise bedienten, so wie Albertus Magnus und Thomas von Aquin bestimmte Begriffe und Erkenntnisse des heidnischen Aristoteles aufgegriffen haben, so haben die Theologen der Befreiung auch keine Berührungsängste, bestimmte Begriffe, Elemente und analytische Ergebnisse von Karl Marx und von Neomarxisten kritisch zu assimilieren dort, wo es ihnen richtig erscheint. Es ist einfach unlogisch, ja töricht zu behaupten, dadurch, daß man bestimmte Elemente und richtige Erkenntnisse von Karl Marx und anderen übernehme, mache man sich auch die gesamte atheistische und materialistische Ideologie zu eigen.

An dem Beispiel von Begriff und Wirklichkeit des Klassenkampfes sei dies verdeutlicht. Zunächst ist festzuhalten, daß die Begriffe soziale Klasse und Klassenkampf schon vor Karl Marx benutzt und nach Karl Marx bis heute von antimarxistischen Sozialwissenschaftlern – vor allem im angelsächsischen Raum –, ja vom kirchlichen Lehramt selbst benutzt werden. Daß aber heute in Lateinamerika faktisch eine grausame Wirklichkeit des Klassenkampfes besteht, kann von niemandem im Ernst bestritten werden. So ist es selbstverständlich, daß Theologen der Befreiung die Begriffe »soziale Klasse« und »Klassenkampf« benutzen und von der bitteren Tatsache des Klassenkampfes ausgehen. Entscheidend aber ist, daß sie dies in einem durchaus kritischen Sinne tun. Die »Kurze Stellungnahme katholischer Theologieprofessoren aus der Bundesrepublik Deutschland« legt dar, wie Gustavo Gutierrez, einer der maßgeblichen Vertreter der Theologie der Befreiung, das Gebot der Feindesliebe im Klassenkampf betont. Hier wird deutlich, daß von einer unkritischen Anleihe bei der marxistischen Ideologie nicht die Rede sein kann, vielmehr Begriff und Wirklichkeit von Klassenkampf in zutiefst christlichem Sinne reflektiert werden.

D) Geschichtliche Dimensionen des Konfliktes

In den fast zweitausend Jahren Geschichte der christlichen Kirchen wurden diese immer wieder mit zwei zentralen Fragen konfrontiert. Zum einen: Verraten die Kirchen die Sache Jesu, welche die geschichtliche und normative Grundlage ihrer Existenz, ihre »raison d'être« darstellt? Zum anderen: Gelingt es den Kirchen, diese Sache Jesu in den jeweiligen gesellschaftlichen Kontext hinein zu vermitteln, die Zeichen der Zeit zu verstehen?

Die Kirchen haben es in ihrer Geschichte immer wieder erlebt, daß einzelne Christen oder christliche Gruppen und Bewegungen die Radikalität der christlichen Botschaft und ihre Umsetzung in die Tat in der jeweiligen Zeit ganz ernst genommen haben und von dorther die geschichtlich gewordenen und gesellschaftlich bedingten Strukturen der Kirche in Frage stellten. Dies war zum Beispiel der Fall bei Franziskus und den verschiedenen Armutsbewegungen im Mittelalter, bei Savanorola, bei

Bartolomé de las Casas, der die an den Indios begangenen Grausamkeiten verurteilte. In solchen Situationen bekamen die Kirchen immer wieder Angst vor ihren eigenen Traditionen, vor der Radikalität der Wertungen und Maßstäbe, die dieser Jesus von Nazareth verkündigt und in seinem eigenen Leben bezeugt hat. Nur allzuoft haben sich die Kirchen von ihrem eigenen Fundament entfernt, haben die Sache Jesu verraten und sind zum Grabe Jesu geworden. Dostojewskij hat diesen Verrat in der Gestalt des Großinquisitors unübertroffen auf den Begriff gebracht, als dieser dem wieder auf die Erde gekommenen Jesus die Frage stellt: »Wozu bist du gekommen, uns zu stören?«

Gustavo Gutierrez hat recht, wenn er schreibt: »Medellin machte sich nun die Aufgabe zu eigen, die Johannes XXIII. dem Konzil gestellt hatte, die es aber nicht hatte erfüllen können: Die Herausforderung durch die Armut in der Welt von heute« (G. Gutierrez, Die historische Macht der Armen, München 1984, 167). Die Theologie der Befreiung konfrontiert die gesamte Kirche mit der Frage: Nehmen die Christen es heute ernst genug mit der Parteilichkeit Jesu für die Armen, oder verraten sie von neuem diese Sache Jesu?

Für die Beantwortung der zweiten Frage, ob es der Kirche im Verlaufe der Geschichte immer gelungen ist, sich den spezifischen Herausforderungen der jeweiligen Zeit zu stellen, gibt es positive und negative Beispiele. Ganz zu Beginn war es von allergrößter Bedeutung, daß Paulus die Kirche für die Nichtjuden öffnete und aus einer jüdischen Sekte eine universale Kirche machte (allerdings entgegen dem Willen des ersten Papstes). Eine zweite wichtige Entscheidung fiel, als es der Kirche gelang, den christlichen Glauben in der Lebenswelt der germanischen Völker zu verwurzeln. Ein Desaster aber stellte es dar, als in dem berühmten Ritenstreit im 17. Jahrhundert die Kirchenleitung in Rom die erfolgreichen Versuche einer Verwurzelung des christlichen Glaubens in der chinesischen Kultur verbot und sich damit selbst den Weg versperrte für eine Inkarnation der christlichen Botschaft in der asiatischen Kultur. Auch die Verurteilung des sogenannten Modernismus durch die römische Kirchenleitung in der zweiten Hälfte des 19. und zu Beginn des 20. Jahrhunderts warf die Kirche in ihrer Entwicklung um Jahrzehnte zurück, und erst das zweite Vatikanische Konzil zog einen Strich unter diesen römischen Antimodernismus, der übrigens auf fatale Weise an die augenblickliche Kampagne gegen die Theologie der Befreiung erinnert. Und es gilt auch weiterhin das Urteil, das Papst Pius XI. in einem Gespräch mit Monsignore Cardijn im Jahre 1925 ausgesprochen hat: »Es ist der große Skandal der Kirche im 19. Jahrhundert, daß sie die Arbeiterklasse verloren hat.«

Die Kirche in Lateinamerika ist heute auf dem Wege, eine neue Glaubwürdigkeit zu gewinnen. Sie verdankt dies der Theologie und der Praxis der Befreiung, die versuchen, die Zeichen der Zeit zu verstehen, die befreiende Botschaft des Jesus von Nazareth in einer Situation der vielfältigen Ausbeutung und Unterdrückung zu bezeugen. Zumindest Teile der Kirche in Lateinamerika haben die Herausforderung angenommen, welche »die Herrschaft des Monopolkapitalismus über die Klassen des Volkes insbesondere in den armen Ländern darstellt« (Gutierrez 1984, 143).

Aber die Gesamtkirche kann die Auseinandersetzung mit diesem Problem nicht nur der Kirche in Lateinamerika überlassen. Die Kirche als ganze ist mit der Frage konfrontiert: Wird sie weiterhin vor allem eine Kirche sein, die eurozentrisch geprägt und geleitet und in der kapitalistischen Welt verwurzelt ist, oder gelingt es ihr, in subversiver Erinnerung an die Sache Jesu einen neuen sozialen Ort zu finden sowohl in kritischer Distanz zur kapitalistischen Welt wie auch »au cœur de la masse«, im Herzen der Masse der armen Menschen in der »Dritten Welt«.

Die Zukunft der Theologie der Befreiung wird über die Zukunft der Kirche in Lateinamerika entscheiden. Da aber die lateinamerikanischen Katholiken in wenigen Jahren über die Hälfte aller Katholiken in der ganzen Welt ausmachen werden, steht die Zukunft der Gesamtkirche auf dem Spiel.

Darüber hinaus aber geht es um die Zukunft der Menschen in Lateinamerika. Denn die Theologie der Befreiung ist zweifelsohne eine wichtige Kraft in dem umfassenden Befreiungsprozeß der Menschen und Völker in Lateinamerika, die endlich Subjekte ihrer eigenen Geschichte werden wollen.

Der Schrei des Volkes nach Gerechtigkeit in Guatemala, Nicaragua und El Salvador

Vom 23.8. bis 30.9.1985 unternahm ich eine Amerikareise, die mich je eine Woche nach Guatemala, Nicaragua und El Salvador führte und mit einem zweiwöchigen Aufenthalt in den Vereinigten Staaten von Nordamerika abgeschlossen wurde. In Mittelamerika wurde ich von neuem Zeuge des unsagbaren Leides der Menschen. Ich sah es in den Slums von Guatemala-City, in den Augen der hungrigen und kranken Kinder, im Elend der Miskito-Indios im Nordwesten Nicaraguas und in den Elendsvierteln von San Salvador. Ich hörte den Schrei des Volkes nach Gerechtigkeit selbst dann noch, wenn die Menschen stumm blieben.

Diesen Schrei des Volkes heute kann man nicht verstehen, ohne die jahrhundertealte Leidensgeschichte der Menschen in Lateinamerika zu kennen. Auch wenn es hier unmöglich ist, diese Leidensgeschichte auch nur in Umrissen darzustellen, so muß auf zwei grundlegende Ursachen für das unsagbare Leid dieser Völker dennoch hingewiesen werden: auf die unmenschliche Eroberung und Ausbeutung der Indiovölker durch die europäischen Christen vor allem im 16. Jahrhundert und auf den nordamerikanischen Imperialismus, unter dem vor allem die mittelamerikanischen Völker im 19. und 20. Jahrhundert zu leiden haben.

Diesen historischen Hintergrund darf man nicht vergessen, wenn ich jetzt versuche, aufgrund meiner Informationen und der während meiner letzten Reise gemachten Erfahrungen einige Ausführungen zu machen im Hinblick auf die augenblickliche Situation in Guatemala, Nicaragua und El Salvador.

1. Zur Situation in Guatemala

Guatemala hat eine Bevölkerung von etwa 7,5 Millionen Menschen. Die offizielle Landessprache ist Spanisch. Daneben gibt es 23 verschiedene Indiosprachen, wobei sich die einzelnen Stämme untereinander nicht verständlich machen können. Guatemala ist eines der wenigen Länder in Lateinamerika, in denen sich rund 60 Prozent der Bevölkerung durch Sprache, Kleidung und eigene Kultur ihre Indio-Identität bewahrt haben. Der Abstammung nach sind bis zu drei Viertel der Bevölkerung Indios.

Der Landbesitz ist extrem ungleich verteilt. 4,2 Prozent der Landbesitzer verfügen über 62 Prozent der Anbaufläche. Dort werden die Hauptexportgüter Guatemalas: Baumwolle, Kaffee, Zuckerrohr und Bananen angebaut. 87 Prozent der meist indianischen Bauern verfügen über 19 Prozent der Anbaufläche. Dort werden die Grundnahrungsmittel Mais, Bohnen und Reis produziert.

Seit der Eroberung des heutigen Guatemalas durch spanische Konquistadoren im Jahre 1524 leben die Indios in ständiger Unterdrückung und Verfolgung. Sie wurden mit Waffengewalt von ihren fruchtbaren Böden vertrieben und müssen für geringste Löhne auf den Großplantagen arbeiten. Auch nach der Unabhängigkeit von Spanien im Jahre 1821 wurde die Ausbeutung und Unterdrückung der Indios fortgesetzt. Die großen Konzerne, unter ihnen die »United Fruit Company«, bildeten den Staat im Staate. Nach einem Generalstreik folgte 1944 eine bürgerliche Revolution mit Wahlen, die Verabschiedung einer liberalen Verfassung und eine Agrarreform. Doch 1954 putschten die Militärs mit massiver Unterstützung der nordamerikanischen CIA gegen die gewählte Regierung und suspendierten die Verfassung.

Seit 1954 bilden die Militärs den entscheidenden Machtfaktor in Guatemala. Sie üben ihre Herrschaft auf eine menschenverachtende Weise aus, die selbst in Lateinamerika fast ohne Beispiel ist. Von 1960 bis 1983 wurden über 100 000 Menschen, vor allem Indios, ermordet; etwa 38 000 Menschen verschwanden. Eine Million Menschen, etwa 15 Prozent der Bevölkerung, sind auf der Flucht, davon etwa 200000 im Ausland, ein großer Teil von ihnen in Mexiko.

Die Militarisierung der Gesellschaft wird vor allem durch zwei Faktoren verstärkt. Zum einen wurden seit 1981 etwa 900000 Zivilisten faktisch in die »Zivilpatrouillen« gezwungen. Die Mitglieder dieser Patrouillen sind verpflichtet, durchschnittlich einmal in der Woche für 24 Stunden die Umgebung zu überwachen im Hinblick auf »subversive Aktivitäten«, die den zuständigen militärischen Autoritäten mitzuteilen sind. Man begegnet diesen Zivilpatrouillen auf dem Lande auf Schritt und Tritt.

Zum anderen hat die Regierung 1984 damit begonnen, die Flüchtlinge in sogenannte Modelldörfer anzusiedeln. Ich habe solche Dörfer, welche in Wirklichkeit strategische Wehrdörfer sind, wie man sie vom Vietnamkrieg kennt, vom Flugzeug aus gesehen. Nach Augenzeugenberichten kommen diese Dörfer zum Teil Konzentrationslagern gleich. Die Internationale Vereinigung demokratischer Juristen berichtet davon, daß die Kultur der Indios in diesen Dörfern dadurch zerstört wird, daß verschiedene ethnische Gruppen in ein und demselben Lager leben müssen, die Indios gezwungen werden, Spanisch zu sprechen und ihre traditionellen Essensgewohnheiten zu ändern.

Die Situation der Menschenrechte in Guatemala ist katastrophal. Dies begann vor allem mit dem 1978 durch einen Wahlbetrug an die Macht gekommenen Präsidenten Romeo Lucas Garcia und setzte sich mit dem 1982 ebenfalls nach einem Wahlbetrug putschenden Präsidenten Efrain Rios Montt fort. 1981 schlossen sich die Widerstandskräfte in der »Nationalen revolutionären guatemaltekischen Einheit« URNG zusammen. Montt erklärte bei einem privaten Treffen mit Parteipolitikern: »Wir töten Menschen, wir zerstückeln Frauen und Kinder. Das Problem ist, daß dort jeder ein Guerillo ist... Wenn die Situation so weitergeht, werden wir Napalm über diese Dörfer abwerfen müssen.«[1] Wenigstens 64 Dörfer wurden dem Erdboden gleichgemacht. In über 300 Dörfern beging die Armee innerhalb von 16 Monaten Massaker an den Indios. Die guatemaltekische Bischofskonferenz erklärte am 27.5.1982: »Niemals zuvor in unserer Geschichte ist es zu solch schwerwiegenden Auswüchsen gekommen. Diese Morde gehören bereits in den Bereich des

Völkermords.« Die beiden englischen Parlamentsabgeordneten Lord Avebury und Anthony Lloyd sagten nach einem Besuch in Guatemala: »Das Militär hat aus Guatemala eine Nation der Witwen und Waisen gemacht.«[2] Dennoch nahmen die USA 1983 »wegen Verbesserung der Lage der Menschenrechte« ihre Militärhilfe wieder auf. Erschütternd zu lesen ist der Bericht von Rigoberta Menchú, einer Indiofrau aus Guatemala.[3]

Aber das Morden und Foltern geht weiter. Das katholische Komitee »Justitia et Pax« von Guatemala berichtet für den Zeitraum von November 1983 bis September 1984, daß 803 Personen ermordet wurden und 588 Personen verschwunden seien. Für die Zeit von November 1984 bis April 1985 berichtet dieselbe Organisation von 578 ermordeten Zivilpersonen, von denen 276 grausamen Folterungen unterzogen wurden. Von Augenzeugen wurde mir von grausamsten Folterungen an Frauen und Kindern aus jüngster Zeit berichtet. Die guatemaltekische Menschenrechtskommission CDHG nennt für die Zeit von Januar 1984 bis Januar 1985 die Zahl von 1627 Verschwundenen. Zwischen 1978 und 1982 wurden in Guatemala 13 Priester ermordet.

Die wirtschaftliche Situation ist chaotisch. Das Brutto-Inlands-Produkt sank zwischen 1981 und 1984 um 15,5 Prozent. Die Inflationsrate liegt bei über 50 Prozent mit steigender Tendenz. Die Arbeitslosenquote beträgt über 40 Prozent. Die staatlichen Auslandsschulden belaufen sich auf 2,3 Milliarden Dollar. Allein 1985 hätten 475 Millionen Dollar getilgt werden müssen. Etwa 80 Prozent der Bevölkerung erhalten nicht das lebensnotwendige Minimum von 2230 Kalorien täglich. 81 Prozent der Kinder unter fünf Jahren sind unterernährt. Neun Prozent der Kinder sterben vor Vollendung des ersten Lebensjahres, 35 Prozent vor Vollendung des fünfzehnten Lebensjahres. Die reichsten fünf Prozent der Bevölkerung erhalten 59 Prozent des nationalen Gesamteinkommens, die ärmsten 50 Prozent der Bevölkerung nur sieben Prozent.

In Guatemala ist seit etwa dreißig Jahren der Anteil der Menschen, die Mitglieder einer protestantischen Kirche oder Sekte sind, auf 25 bis 30 Prozent angestiegen – der höchste Anteil in ganz Lateinamerika. Vor allem unter Präsident Montt wurden die von Nordamerika finanziell unterstützten Sekten staatlicherseits protegiert. Die katholische Amtskirche ist sehr konservativ geprägt. Immerhin haben sich die 15 guatemaltekischen Bischöfe in ihrem Hirtenbrief vom 10. Juni 1984 für die Verwirklichung der Menschenrechte eingesetzt. Im ganzen aber müßte sich die Amtskirche angesichts der politischen Bedeutung, welche ihr nach wie vor zukommt, viel entschiedener als bisher den Schrei des Volkes zu eigen machen und die Sache der Armen öffentlich vertreten.

Die Militärs, auch der im August 1983 an die Macht gekommene Präsident der Militärregierung, General Mejia Victorez, haben eingesehen, daß sie völlig abgewirtschaftet haben. Sie ließen am 3. November 1985 Präsidentschaftswahlen abhalten trotz aller Unruhen, die es gab und in die auch ich hineingeriet. Diese Wahlen dienen doch nur als demokratisches Feigenblatt. Der politische und militärische Einfluß der Reagan-Administration, der bisher durch einen gewissen Nationalismus der Militärs begrenzt war, ist größer geworden, die faktische Machtstellung der Militärs ungebrochen. Der Internationale Währungsfond stellt seine bekannten, völlig unsozialen Forderungen. Ein Ende des Mordens und Folterns, des Verschwindens von Personen und des entsetzlichen Hungers ist nicht abzusehen.

2. Zur Situation in Nicaragua, vor allem an der Atlantikküste

Ich möchte mich im folgenden vor allem auf die Situation an der Atlantikküste Nicaraguas konzentrieren. Ich war bereits im Januar 1984 in jenem Gebiet und konnte jetzt die Situation damals und heute vergleichen. Es handelt sich um jene Zone, die vor allem von dem Indiostamm der Miskitos bevölkert wird.

Vermutlich um das 10. Jahrhundert nach Christus besiedelten vor allem die Indiostämme der Miskito, Sumo und Rama das Gebiet der Atlantikküste des heutigen Nicaraguas und Honduras. Während der Periode des spanischen Kolonialismus (1524 bis 1821) konnten die Spanier diese unwegsamen und unübersichtlichen Gebiete nicht in Besitz nehmen. Erst 1655 drangen die Engländer, vor allem aus wirtschaftlichen Interessen, in diese Gebiete ein. Das britische Imperium erklärte das ganze Gebiet zum

Protektorat und setzte 1687 den ersten Miskitokönig über das Königreich der Miskitia ein.

Nachdem Nicaragua sich 1821 seine Unabhängigkeit von Spanien erkämpft hatte, wurde die Atlantikküste Nicaraguas, die heute in den Provinzen Nord- und Süd-Zelaya 56 Prozent des Staatsgebietes umfaßt, 1894 von der Zentralregierung militärisch besetzt und vor allem wegen der Interessen der Agrarbourgoisie dem Staate Nicaragua einverleibt. Die Indios wurden ihrer besten Ländereien beraubt, welche die Besitzer der Kaffeeplantagen an sich rissen.

Schon um die Mitte des 19. Jahrhunderts wurden die Indiostämme von Deutschland aus durch die Herrenhuter Brüder missioniert, die die »Moravian Church« gründeten, der etwa drei Viertel der Indios bis heute angehören.

Seit Beginn dieses Jahrhunderts, vor allem seit Beginn der zwanziger Jahre setzt der exzessive Raubbau des tropischen Urwaldes und die Ausbeutung der Naturschätze (Gold, Silber, Blei, Kupfer) durch nordamerikanische Firmen ein, die bis zum Sieg der Revolution (1979) andauerte. Die Regierung der Familie Somoza (1934–1979) gewährte den nordamerikanischen Unternehmen überaus günstige Konzessionen zur Ausbeutung, ohne sich selbst um dieses Gebiet zu kümmern. Die Bewohner hatten zwar sehr unter dieser Ausbeutung, aber wenig unter den Repressionen des Somozasystems zu leiden. Deshalb beteiligten sie sich auch kaum an dem revolutionären Kampf der sandinistischen Befreiungsfront.

Obwohl es sehr schwierig ist, genaue Zahlenangaben zu erhalten, kann man davon ausgehen, daß heute an der nicaraguanischen Atlantikküste (Nord- und Süd-Zelaya) ca. 250000 Menschen leben: 80000 Miskitos, 8000 Sumos, 1000 Ramas, 30000 Schwarze, 1500 Garifunos (Verbindung von Schwarzen und karibischen Indios) und 120000 »Espanoles« (spanischsprechende Nicaraguaner). Hinzu kommen etwa 30000 Miskitos in Honduras. Diese Bevölkerung unterscheidet sich durch Geschichte, Kultur, zum größten Teil durch Sprache und ethnische Herkunft sehr stark von den ungefähr drei Millionen Nicaraguanern der Pazifikküste, die meistens katholisch, spanischsprechend und zum Teil Nachfahren der Kolonisatoren sind. Erst 1982 wurde die erste Verbindungsstraße zwischen den bisher durch unwegsame Tropenwälder fast völlig getrennten Gebieten der Pazifik- und Atlantikküste fertiggestellt.

Mit dem Sieg der sandinistischen Revolution (19.7.1979) zeichnete sich zunächst ein historischer Neubeginn zwischen den beiden Bevölkerungsteilen ab. Am 11.9.1979 wird in Puerto Cabezas von Dorfführern aus fast allen der über 250 indianischen Dorfgemeinschaften die Organisation »Misurasata« gegründet: »Miskitu Sumu Rama Sandinista As la Takanka« (Miskitos, Sumos, Rama und Sandinisten gemeinsam). Der Name dieser Organisation wie die Anwesenheit des damaligen sandinistischen Comandante Daniel Ortega bei der Gründungsveranstaltung brachte die Hoffnung auf ein Bündnis zwischen den Indios und der sandinistischen Revolution zum Ausdruck. Brooklyn Rivera wurde der Koordinator dieser Organisation, Steadman Fagoth der Vertreter der Indios im Staatsrat und Hazel Lau verantwortlich für die Alphabetisierung in nicht-spanischen Sprachen.

Bald jedoch entstand ein stetig an Schärfe zunehmender Konflikt. Neuralgische Punkte bildeten die im Jahre 1980 zunächst nur auf Spanisch durchgeführte Alphabetisierungskampagne, die Anwesenheit kubanischer Ärzte und Lehrer, die Auseinandersetzung um Rechtstitel der indianischen Dorfgemeinschaft auf kollektiven Landbesitz, der Anspruch der Indios auf große Gewinnanteile bei der Ausnutzung der Ressourcen (vor allem Holz und Erze), das fehlende Verständnis der Vertreter der Regierung für die Eigenständigkeit der Indios und ihrer Traditionen. So kam es im Februar 1981 zu einer bewaffneten Auseinandersetzung in Prinzalpoka und zur Verhaftung der gesamten Führung von Misurasata.

Der Konflikt wurde dadurch verschärft, daß ehemalige Mitglieder der somozistischen Nationalgarde (Contras), die von Honduras aus seit 1982 in zunehmendem Maße Nicaragua angreifen, die Spannungen mit Hilfe der nordamerikanischen CIA ausnutzen und internalisieren.

Brooklyn Rivera setzte sich mit Misurasata nach Costa Rica ab. Steadman Fagoth spaltete sich mit seiner neuen Organisation Misura von Misurasata ab, lief nach seiner Freilassung zu den Contras über und forderte, durch falsche Greuelmeldungen erschreckt, über Radio seine Landsleute auf, nach Honduras zu fliehen. Diesem Aufruf folgten etwa 20000 Miskitos. Nachdem das Gebiet am Rio Coco – dem Grenzfluß zwischen Nicaragua und Honduras, der aber von den Miskitos nie als Grenze angesehen wurde, da auf beiden Seiten Miskitos siedelten – immer mehr zum Kampfgebiet geworden war, führten die Sandinisten 1982 eine Zwangsumsiedlung von ca. 8000 Miskitos aus den umkämpften Grenzgebieten ins Landesinnere nach Taspa Pri in neu errichtete Siedlungen (und weiteren ca. 4000 an andere Orte) durch. Obwohl diese neuen Siedlungen im Vergleich zu den alten Dörfern sehr gute Lebensmöglichkeiten boten (Schulen, medizinische Versorgung, Kirchen, Kooperativen) und die Indios unkontrolliert leben konnten (mit Ausnahme der militärischen Sperrgebiete), wurden gerade diese Neusiedlungen für die internationale Presse zum Anlaß böswilliger Verleumdungen (»Konzentrationslager«, »Völkermord«).

Während die Sandinisten und die Regierung bereits 1981 grundsätzliche Fehler im Umgang mit den Miskitos und den Bewohnern der Atlantikküste zugaben und in den nächsten Jahren auch Konsequenzen aus den falschen Einschätzungen zogen, hat sich die Politik erst seit Mitte 1984 gegenüber der Osthälfte des Landes radikal verändert. So fanden im Herbst vorigen Jahres erstmals Verhandlungen mit dem Misurasata-Führer Brooklyn Rivera statt. Der bis dahin als Teil der »Contra« eingeschätzte Indio wurde in Managua von Daniel Ortega empfangen und reiste mit offizieller Unterstützung in das Miskito-Gebiet. Seitdem hat es verschiedene weitere Treffen zwischen Vertretern der Regierung und Misurasata gegeben. Im Mai 1985 wurde bekannt, daß die Regierungsvertreter auch mit Teilen von Steadman Fagoths Misura verhandelten. Als direktes Ergebnis der verschiedenen Gespräche herrscht zur Zeit eine Art faktischer Waffenstillstand an der nicaraguanischen Ostküste. Das sandinistische Heer, Misura und Misurasata kennen ihre jeweiligen Stellungen, greifen sich aber in der Regel gegenseitig nicht an. Lediglich einige Gruppen von Misura, die gegen eine friedliche Lösung des Konflikts sind, fallen in kleinen Banden von Honduras aus ein und versuchen durch gelegentliche Überfälle, die Bevölkerung zu verunsichern.

In dieser Situation hat die nicaraguanische Regierung trotz gewisser militärischer Risiken beschlossen, allen Miskitos, die das wollen, die Rückkehr zum Rio Coco zu erlauben. Von dieser Möglichkeit machen die meisten der nach Tasba Pri umgesiedelten Leute Gebrauch. Auf den Lastwagen, die die Regierung zur Verfügung stellt, nehmen sie Teile der Häuser in ihre alte Heimat mit. Die Umsiedlung bringt viele Probleme mit sich. Wegen der Kriegssituation ist von den alten Dörfern fast nichts mehr übriggeblieben. Wie die Häuser müssen auch Schulen, Krankenhäuser und andere öffentliche Einrichtungen erst wieder aufgebaut werden. Die Leute müssen mit Nahrungsmitteln, Kleidung und Saatgut versorgt werden. Und dabei gehen die Behörden nicht nur von den etwa 12 000 umgesiedelten Miskitos aus. Ein Teil der 1981 und 1982 nach Honduras geflohenen Bevölkerung kehrte ebenfalls nach Nicaragua zurück. Andere haben mit Hilfe des Internationalen Roten Kreuzes die Ausreise aus Honduras und die Rückkehr nach Nicaragua geschafft.

Ein weiteres wichtiges Ziel der neuen Regierungspolitik ist es, Nord- und Südzelaya eine regionale Autonomie unter Berücksichtigung der besonderen Geschichte der Region zu gewähren. Wie diese Selbstverwaltung im einzelnen aussehen soll, wird zur Zeit in vielen Diskussionen an der Atlantik- wie an der Pazifikküste erarbeitet. Der Zeitpunkt, wann die Autonomie verwirklicht wird, steht noch nicht fest. Sie soll auf jeden Fall in der künftigen Verfassung, die 1987 verabschiedet werden soll, verankert werden.

Ein Autonomie-Status für die Indianer in Nicaragua hätte einen exemplarischen Charakter für die Rechte ethnischer Minderheiten in Süd- und Nordamerika. In allen amerikanischen Ländern gibt es Minderheiten, die über Jahrhunderte entrechtet und ausgebeutet wurden. Eine territoriale Autonomie und eine Selbstverwaltung in kulturellen, finanziellen und wirtschaftlichen Angelegenheiten ist bisher in keinem Staat verwirklicht. Durch die Kurskorrektur sind die Sandinisten dabei, ein Modell für die Respektierung von Minderheitenrechten zu entwickeln.

Die Politik der sandinistischen Regierung wird durch den US-Handelsboykott und den täglichen Krieg mit den Contras massiv behindert. Der am 5. Mai 1985 in Bonn von Präsident Reagan ausgesprochene US-Handelsboykott untergräbt den Entwicklungsprozeß in Nicaragua. Durch die totale Abhängigkeit des Landes von den USA während der 45jährigen Somoza-Regierung führt dieser Handelsboykott zu schlimmen Auswirkungen. In Krankenhäusern fehlen Medikamente, der öffentliche Personentransport wird durch mangelnde Ersatzteile lahmgelegt, die Industrieproduktion wird durch Ausbleiben der Zulieferungen behindert. Die Leidtragenden dieses Handelsboykotts sind die Masse der einfachen und armen Leute. Die Beschaffung wichtiger Güter auf Umwegen kostet Nicaragua viel Geld.

Das Land wird durch die täglichen Überfälle der Contras stark geschädigt. Die Militärmittel und die Militärberatung der USA für die Contra beginnen sich auszuwirken. Zielpunkte der Contra-Anschläge sind die drei Reformprojekte der sandinistischen Regierung: Agrarreform, Alphabetisierungskampagne und Gesundheitswesen. Die meisten Anschläge wenden sich deshalb gegen Gesundheitsstationen und Krankenhäuser, Schulgebäude und landwirtschaftliche Kooperativen. Von den Contras werden bevorzugt Ärzte und Krankenschwestern, Lehrer und Techniker verschleppt. Durch diese gezielte Politik soll der Veränderungsprozeß in Nicaragua gestoppt und die Loyalität der Bevölkerung zur Regierung untergraben werden. Dieser Krieg zwingt Nicaragua dazu, bereits 40 Prozent des Staatshaushaltes für die Verteidigung bereitzustellen. Die vielen Berichte über heimtükkische Angriffe gegen Zivilobjekte und gegen die Zivilbevölkerung lassen den Schluß zu, daß hier ein grausamer und verbrecherischer Krieg gegen Nicaragua geführt wird.

Die Sandinisten haben am 9. September 1985 durch eine Erklärung noch einmal versichert, daß die Prinzipien der Blockfreiheit, des politischen Pluralismus und der gemischten Wirtschaft im neuen Verfassungsstatut verankert werden. Mit sieben Parteien im nationalen Parlament und Tageszeitungen aus allen politischen Richtungen stellt Nicaragua eine lebendigere und freiere Demokratie dar als viele andere lateinamerikanische Länder. Nicaragua ist ein Testfall für die Möglichkeit zur eigenständigen Entwicklung eines Landes in der »Dritten Welt«.

Die Befürchtungen, die ich schon während meines Besuches in Nicaragua geäußert hatte, sind leider unterdessen teilweise

Wirklichkeit geworden: Die »Contras« in Honduras und vor allem die Reagan-Administration werden auf keinen Fall dulden, daß an der Atlantikküste ein Stück Frieden verwirklicht wird. Der Führer von Misurasata, Brooklyn Rivera, hat nach einer Meldung der *Frankfurter Rundschau* vom 10.10.1985 von unmittelbar bevorstehenden Kämpfen zwischen seinen Anhängern und den antisandinistischen Guerilleros der »Demokratischen Kraft Nicaraguas« (FDN) gewarnt. FDN-Kommandos seien in die von Misurasata kontrollierten Gebiete der Atlantikküste eingedrungen, hätten die Unterstützung von lokalen Indioführern erzwungen und die Guerilleros der Misurasata unter Androhung militärischer Schritte zum Verlassen ihrer Stellungen aufgefordert. Rivera warf der US-Regierung vor, mit der FDN »blind eine Bewegung der somozistischen Vergangenheit zu unterstützen«. Eine solche Politik würde für die Miskitos »nur noch mehr Tod und Leid« bedeuten. Er sei nach Washington gekommen, um die Verantwortlichen auf die Fehler ihrer Politik aufmerksam zu machen. Man habe sich jedoch geweigert, ihn zu empfangen. Die Verhandlungen mit der Regierung in Managua würden im kommenden Monat wieder aufgenommen.

Ich befürchte ernsthaft, daß dieses Stück Frieden an der Atlantikküste, daß die Verwirklichung der regionalen Autonomie und die Verabschiedung der Verfassung in Nicaragua mit allen Mitteln durch die Reagan-Administration unterminiert wird. Dies kann man nur als offenkundiges Vergehen gegen das Völkerrecht und als Verbrechen gegen die Menschlichkeit bezeichnen.

Die nicaraguanische Regierung hat am 15. Oktober 1985 den Ausnahmezustand um ein Jahr verlängert. Gleichzeitig hat sie wichtige Bürgerrechte ausgesetzt. Diese Suspendierung der Bürgerrechte verurteile ich. Diese Maßnahmen wären meiner Ansicht nach nicht notwendig gewesen. Sie schaden der Regierung mehr, als daß sie ihr nützen. Dennoch habe ich Verständnis dafür. Es handelt sich hier um einen klassischen Fall der »kontraproduktiven sich selbst erfüllenden Prophezeihung«, von der Hans-Jürgen Puhle auf der Konferenz der Evangelischen Akademien der Bundesrepublik Deutschland und der »Vesper-Society« vom 26.–29. September 1985 in San Francisco im Hinblick auf Mittelamerika gesprochen hat. Zuerst spielt man den Unglückspropheten, malt die Gefahr eines totalitären Regimes in Nicaragua an die Wand. Dann unternimmt man alles, aber wirklich alles, um Nicaragua an den Rand der Existenz zu bringen: vermint die Häfen, verhängt ein Handelsembargo, führt einen faktischen grausamen Krieg, fordert die Regierungen in Europa auf, keine Hilfe an Nicaragua zu geben[4], und erklärt dann mit einem menschenverachtenden Zynismus: Wir haben es schon immer gesagt, daß das revolutionäre Experiment mißglückt.

3. Zur Situation in El Salvador

Zunächst seien einige Ereignisse in Erinnerung gerufen[5].

Im Herbst 1979 wurde unter starkem Einfluß der USA ein letzter Versuch unternommen, in El Salvador eine Reformregierung zu bilden. In der Nacht vom 14. zum 15. Oktober 1979 wurde General Romero durch eine Gruppe junger Offiziere unter Oberst Majano gestürzt und eine neue Regierung gebildet unter Beteiligung der Christdemokraten, Sozialdemokraten, Kommunisten sowie von Vertretern der Universitäten, Kirchen und Gewerkschaften unter dem Christdemokraten Ruben Zamora.

Da die Herrschaftsausübung durch die Oligarchie aber nicht gebrochen wurde und der Verteidigungsminister Garcia die bisherigen Gewaltstrukturen stabilisierte, traten zum Jahreswechsel 1979/80 die reformwilligen Minister zurück. Die linken und reformwilligen Kräfte schlossen sich zu einem außerparlamentarischen Bündnis zusammen: die Demokratische Revolutionäre Front (FDR), in der große Teile der Christdemokraten unter Ruben Zamora vertreten sind, die Sozialdemokraten unter Guillermo Ungo, die Kommunisten und Volksorganisationen sowie Teile der Gewerkschaften. Parallel dazu bildeten im Herbst 1980 die verschiedenen Guerilla-Organisationen die Nationale Befreiungsfront Farabundi Marti (FMLN).

Ein großer Teil der katholischen Kirche, angefangen von den zahlreichen christlichen Basisgemeinden bis hin zu einigen Bischöfen, hatten Partei ergriffen für die Rechte des unterdrückten Volkes. Besonders bekannt wurde der leidenschaftliche Einsatz des Erzbischofs von San Salvador, Oscar Romero, für die Armen und Entrechteten. Er wurde am 24. März 1980 am Altar ermordet.

Mit den Ereignissen des Jahres 1980 war der Bürgerkrieg im Lande offen ausgebrochen, der bisher über 50 000 Menschen das Leben gekostet hat und etwa eine Million Menschen (von fünf Millionen) zur Flucht gezwungen hat. Trotz dieser Bürgerkriegssituation wurden unter starkem Druck der nordamerikanischen Regierung 1982 und 1984 Wahlen in El Salvador durchgeführt. Der englische Lord Chitnis urteilt über die Wahlen von 1982: »Meine Schlußfolgerung ist, daß die Wahlen in El Salvador fundamental verfehlt und ungültig waren.« Die Schlußfolgerung einer unabhängigen Beobachterdelegation, die im Auftrag der »Christlichen Initiative El Salvador«, von »Medico International« und »Terre des Hommes-Deutschland« die Wahlen am 25. März 1984 untersuchte – ich gehörte dieser Delegation an –, hat auch heute noch ihre Gültigkeit: »Unter den beobachteten Umständen können wir diese Wahl nicht anders würdigen als einen Versuch, die offenkundigen Defizite an Demokratie und Rechtsstaatlichkeit zu vertuschen. Die Lösung des Konfliktes in El Salvador können wir nur sehen im Dialog im Sinne von Verhandlungen zwischen den Bürgerkriegsparteien ... Die FDR/FMLN hat für Verhandlungen am 31. Januar 1984 ein umfassendes Angebot unterbreitet.«

Unterdessen hat dieser Dialog – durch die Vermittlung von kirchlichen Kreisen aus der Bundesrepublik Deutschland mitinitiiert – begonnen. Zweimal wurde verhandelt. Es ist aber zu befürchten, daß dieser dringend notwendige Dialog abgebrochen ist, obwohl er die einzig sinnvolle Alternative zu dem Bürgerkrieg darstellt.

Denn obwohl die nordamerikanische Regierung Präsident Duarte wirtschaftlich und militärisch durch jährlich etwa 350 Millionen US-Dollar massiv unterstützt, besteht keine Aussicht, daß eine der beiden Bürgerkriegsparteien den Krieg militärisch für sich entscheiden kann.

Der Fortsetzung des Dialogs stehen aber sehr große Hindernisse im Wege. Auf der einen Seite haben sich die salvadorianischen Bischöfe in ihrem letzten Hirtenbrief vom 8. August 1985 faktisch an die Seite von Präsident Duarte gestellt (dies vor allem unter dem starken Einfluß von Weihbischof Rosa Chavez von San Salvador, der mit Präsident Duarte befreundet ist). Entsprechend reagierte die FDR/FMLN mit einem offenen Brief an die Bischöfe vom 17. August 1985, in dem sie die Bischöfe nicht mehr als Vermittler anerkennen. Aber auch der politische Spielraum von Präsident Duarte ist stark eingeschränkt. Selbst wenn Duarte den Dialog fortführen will: Er steht einerseits unter dem starken Druck der Oligarchie und der Militärs, die auch weiterhin den entscheidenden Machtfaktor in El Salvador darstellen, und er ist völlig abhängig von der Reagan-Administration, welche den Dialog um jeden Preis verhindern will. Ein informierter diplomatischer Beobachter sagte zu mir: »Was wollen Sie: Duarte erhält täglich eine Million US-Dollar von Reagan.«

Die Menschenrechtssituation in El Salvador ist nach wie vor katastrophal. Nach dem Bericht von »Tutela Legal«, dem Rechtshilfebüro der Erzdiözese San Salvador, fielen im Jahre 1984 3252 Zivilisten dem Bürgerkrieg zum Opfer, darunter 97,3 Prozent durch Gewalttaten der Regierungstruppen. Von Januar bis April 1985 sind weitere 325 Zivilisten durch die Regierungstruppen getötet worden. Von Januar bis April 1985 wurden 65 Personen von den Todesschwadronen umgebracht. Weitere 52 Zivilisten wurden in dieser Periode durch Angehörige der staatlichen Sicherheitskräfte bzw. der Zivilverteidigung getötet.

Zwischen dem 17. und 22.7.1984, also drei Monate nach dem Amtsantritt von Präsident Duarte, umzingelte die Armee in der Nähe von Los Llanitos rund eintausend Bauern, darunter Hunderte von Frauen und Kindern, die sich auf der Flucht vor der Armee befanden. Die Familien, die sich im Gebüsch und in Maisfeldern versteckten, wurden wahllos beschossen, gefangengenommene Frauen vergewaltigt und anschließend erschossen. Insgesamt 80 Zivilisten wurden getötet.

Am 28. August 1984 nahm die salvadorianische Luftwaffe den Ort Tamarindo unter Feuer. Die fliehenden Bauern wurden von der Armee eingekreist und unter Beschuß genommen. Über 50 Flüchtlinge wurden getötet. Andere ertranken auf der Flucht in dem Fluß Gualsinga. Nach Angaben von Tutela Legal sind in der zweiten Hälfte des Jahres 1984 insgesamt 1155 Zivilisten Opfer des Luftkrieges geworden.

4. Impressionen von Kalifornien

Im Anschluß an meine Mittelamerika-Reise hielt ich mich vom 15.–29. Septemer 1985 in Kalifornien auf. Dabei habe ich widersprüchliche Erfahrungen gemacht. Auf der einen Seite habe ich eine große Zahl von nordamerikanischen Bürgerinnen und Bürgern getroffen, die nicht nur die Mittelamerikapolitik der Reagan-Administration verurteilen, sondern sich auch mit Mut, Engagement und großer organisatorischer Wirksamkeit für Lateinamerika einsetzen.

Hervorheben möchte ich exemplarisch für viele andere Gruppen zwei Bewegungen. Zum einen die Sanctuary-Bewegung. Sie nimmt die alte christliche Tradition wieder auf, derzufolge das Kirchengebäude den Schutzsuchenden Asyl gewährt. So haben sich in den USA bisher über 450 christliche Gemeinden und jüdische Synagogen zum »Sanctuary« erklärt, das heißt, sie bieten allen Lateinamerikanern, vor allem Mexikanern und Salvadorianern, die ohne gültige Papiere wehrlos der Polizei ausgeliefert sind, Asyl und verteidigen sie gegen Übergriffe der öffentlichen Verwaltung. Sie haben Untergrundwege organisiert, die es diesen Ausländern ermöglichen, nach Kanada zu fliehen. Auf der Grundlage von illegalen Abhörmethoden und eingeschleusten Spitzeln wurde gegen führende Vertreter dieser Bewegung ein Prozeß vor einem nordamerikanischen Gericht eröffnet. Sie werden des Drogenhandels und des Zollvergehens angeklagt.

Zum anderen ist die Bewegung »Witness for peace« zu nennen. Sie wenden sich gegen jede Form der Intervention ihrer eigenen Regierung in Nicaragua. Durch eine spektakuläre Demonstration auf dem Rio San Juan, der weithin die Grenze zwischen Nicaragua und Costa Rica bildet, haben sie im Sommer 1985 von sich reden gemacht, als eine Gruppe von Nordamerikanern von den Contras verschleppt wurde. Die Gruppe plant jetzt, ein Schiff zu mieten, um eine Dauerpräsenz von Nordamerikanern auf dem Rio San Juan zu gewährleisten.

Diese nordamerikanischen Bürgerinnen und Bürger haben mir nach all den deprimierenden Erfahrungen in Mittelamerika wieder Hoffnung gemacht, und ich möchte an dieser Stelle diesen nordamerikanischen Solidaritätsbewegungen meine Hochachtung und meine Solidarität bezeugen.

Auf der anderen Seite muß ich von einer ganz schlimmen Erfahrung berichten. Auf der Konferenz in San Francisco, von der schon gesprochen wurde, war auch Harry Shlauderman anwesend, der damalige »Ambassador-at-Large« und »the President's Special Envoy for Central America«. Nach mehrstündigen Diskussionen mit ihm kamen die allermeisten Konferenzteilnehmer aus den USA und der Bundesrepublik zu der Schlußfolgerung, daß die Reagan-Administration von einem fanatischen Antikommunismus durchdrungen sei. Dabei ist alles kommunistisch, was dem augenblicklichen nordamerikanischen kapitalistischen Wirtschaftssystem und seiner besonderen Form der Präsidialdemokratie widerspricht. Die Aussagen von Herrn Shlauderman waren von einem menschenverachtenden Zynismus geprägt. Auf meine ausdrückliche Frage hin, ob er – auf dem Hintergrund von bisher zwölf militärischen Interventionen der USA in Nicaragua seit 1823 – für die Zeit der Regierung von Präsident Reagan definitiv und klar eine nordamerikanische militärische Intervention in Nicaragua ausschließen könne, verweigerte er eine klare Antwort – was auch eine Antwort ist.

5. Zur Situation in Mittelamerika

Wenn ich die Ergebnisse meiner Studien über Mittelamerika zusammennehme, wenn ich meine Informationen und Erfahrungen zusammenfassen soll, dann ergibt sich für mich daraus die Schlußfolgerung: Die Krise in Mittelamerika, die verschiedenen kriegerischen Auseinandersetzungen, das Morden und Foltern, die Not und der Hunger der Menschen in Mittelamerika kann nur beendet werden, wenn der Schrei der Völker nach Gerechtigkeit, Freiheit und Frieden gehört wird. Das bedeutet: Hände weg von Mittelamerika! Den Völkern in Mittelamerika muß endlich – zum erstenmal seit fünfhundert Jahren – das Recht auf

Selbständigkeit und Freiheit gewährt werden. Der Artikel 1 der Menschenrechtskonventionen der Vereinten Nationen vom 16. Dezember 1966 muß Wirklichkeit werden: »Alle Völker haben das Recht auf Selbstbestimmung. Kraft dieses Rechtes entscheiden sie frei über ihren politischen Status und verfolgen in Freiheit ihre wirtschaftliche, soziale und kulturelle Entwicklung.«

Die Contadora-Gruppe, in welcher sich die Vertreter von Mexiko, Venezuela, Kolumbien und Panama zusammengeschlossen haben und die sich im Januar 1983 auf der Panama vorgelagerten Insel Contadora zum ersten Male traf, wagte den Versuch, das Geschick der eigenen, durch gemeinsame Sprache und Geschichte geprägten Völker selbst in die Hand zu nehmen. Inzwischen hat sich auch eine »Lima-Gruppe« gebildet: Peru, Uruguay, Brasilien und Argentinien, welche die Contadora-Gruppe unterstützt. Zentrale Punkte des bereits schriftlich fixierten geplanten Abkommens sind: die gegenseitige Nichteinmischung in fremde Angelegenheiten, der Verzicht auf Subversion und Waffenschmuggel, der Abzug der ausländischen Militärberater, die Schaffung von zwischenstaatlichen Kommissionen zur Untersuchung von Grenzverletzungen und eine internationale Überwachung von Rüstungsbeschränkungen.

Nicaragua hat als erstes Land seine sofortige Unterschrift unter den ersten Vertragsentwurf angeboten. Die Reagan-Administration unternimmt aber seit Beginn der Verhandlungen alles, um dieses Abkommen zu verhindern. Sie müßte ja dann vor allem ihre militärischen Truppen und Militärberater abziehen, ihre militärische Hilfe einstellen; sie müßte vor allem ihrem »Hinterhof« endlich Freiheit gewähren.

Der venezolanische Staatspräsident Jaime Lusinchi hat die Rolle der US-Regierung in diesem mühseligen Friedensprozeß so beschrieben:

»Jedesmal, wenn die Contadora-Treffen einen Schritt nach vorne machen, finden in der Region wie durch Zauber Zwischenfälle und Aktionen diverser Natur statt, welche vielleicht die Absicht verfolgen, die Ergebnisse der Bemühungen um Frieden und Versöhnung zu unterminieren. Es wäre bedauerlich, falls wir erneut Zeugen einer solchen heuchlerischen Verhaltensweise würden, weil wir uns jetzt der Unterzeichnungsreife des Vertrages nähern.«[6]

Um es im Klartext zu sagen: Nicht den einzigen, aber den entscheidenden politischen Faktor in Mittelamerika stellt die Reagan-Administration dar. Ihr kommt die Verantwortung zu, darüber zu entscheiden, ob Friede wird in Mittelamerika oder nicht. Der Verlauf der Geschichte im 19. und 20. Jahrhundert und die augenblickliche politische Ausrichtung der Reagan-Administration mahnen aber zur Skepsis.

Anmerkungen

1 *Latin America Weekly Report*, London, 5. 11. 1982
2 *Uno mas uno*, Mexiko City, 24. 10. 1984
3 E. Burgos (Hg.), Rigoberta Menchu, Leben in Guatemala, Bornheim 1984
4 *Frankfurter Rundschau*, 14. 10. 1985
5 Vgl. dazu: El Salvador: Der Aufschrei eines Volkes. Ein Bericht der zentralamerikanischen Universität in San Salvador, mit einem Vorwort von Arturo Rivera Demas, Erzbischof von San Salvador, München 1984
6 *Frankfurter Rundschau*, 18. 10. 1985

»Wer den Armen das Brot vorenthält, ist ein Blutsauger«

Predigt über Jesus Sirach 34

Im Buch Jesus Sirach im 34. Kapitel lesen wir: »Man schlachtet den Sohn vor den Augen des Vaters, wenn man ein Opfer darbringt vom Gut der Armen. Kärgliches Brot ist der Lebensunterhalt der Armen, wer es ihnen vorenthält, ist ein Blutsauger. Den Nächsten mordet, wer ihm den Unterhalt nimmt, Blut vergießt, wer dem Arbeiter den Lohn vorenthält« (24–26).

Wer war dieser Jesus Sirach, von dem diese Verse stammen? Genaugenommen hieß er: Jesus, Sohn des Sirach.

Er stammte aus einer vornehmen Familie in Jerusalem. Er lebte dort zu Beginn des 2. Jahrhunderts vor Christus.

Er gehörte zur intellektuellen Aristokratie der Hauptstadt, zum Stande der Schriftgelehrten und Weisen. Er war von Jugend an in der Schule gebildet worden, im »Hause der Lehre«, wo die Weisen den jungen Menschen Unterricht erteilten. Er lernte das alttestamentliche Gesetz und die Überlieferungen der orientalischen Weisheitslehre. Er selbst war ein Gelehrter und ein Lehrer der Weisheit, der die jungen Erwachsenen in die Weisheitslehre einführte, also in praktische Lebenskunde, in Gottesfurcht und in Ehrfurcht vor den Gesetzen. Seine Erfahrungen und seine Klugheit, die er sich durch Reisen ins Ausland angeeignet hatte, öffneten ihm den Zutritt zum Kreis der Mächtigen und Fürsten.

Um so erstaunlicher ist seine überaus scharfe Sozialkritik, die an manche radikale Propheten, zum Beispiel an die Kritik des Propheten Amos erinnert.

Wie viele andere Verse der Bibel, so haben auch diese Aussagen des Jesus Sirach eine ganz eigenartige Wirkungsgeschichte erfahren.

Vor rund 370 Jahren, am Pfingstfest 1514, las ein spanischer Kolonisator, der zugleich Priester war, diese Verse. Er war ein sehr reicher »Encomendero«, das heißt eine Art Lehensträger des spanischen Königs, dem in Mittelamerika nicht nur große Ländereien, sondern auch Hunderte von Indios als Lehen, in Wirklichkeit zur Ausbeutung übertragen worden waren.

An diesem Pfingstfest 1514 aber, als er diese Verse von Jesus Sirach las, gab dieser Priester seine Encomienda auf, schenkte seinen Sklaven die Freiheit und hörte auch für eine längere Zeit auf, die Eucharistie zu feiern. Er notiert in seinem Tagebuch: »Ich bedachte die Not und die Sklaverei, in der das einheimische Volk hier lebt. Je mehr ich aber darüber nachdachte, desto mehr wurde ich davon überzeugt, daß alles, was wir den Indianern bisher widerfahren ließen, nichts ist als Tyrannei und Ungerechtigkeit« (zitiert nach Hans Magnus Enzensberger (Hg.), Bartolomé de las Casas' kurzgefaßter Bericht von der Verwüstung der westindischen Länder, Frankfurt [7]1966, 150).

Wer war dieser Mann? Er nannte sich Bartolomé de las Casas und wurde von dieser Stunde an zu einer der leidenschaftlichsten Verteidiger der Indios in Lateinamerika. Es war dies die eigentliche Geburtsstunde der Theologie der Befreiung. Im Jahre 1534 widersetzte er sich den kolonialistischen Eroberungszügen der Spanier im Gebiet des heutigen Nicaragua. Er war zu diesem Zeitpunkt dort Pfarrer in einem Ort namens Grenada. 1542 schrieb er seinen »kurzgefaßten Bericht von der Verwüstung der westindischen Länder« zu Händen seiner katholischen Majestät, des Königs Karl I. von Spanien, als Karl V. Kaiser des Heiligen Römischen Reiches deutscher Nation. In diesem Bericht heißt es über Nicaragua: »Er (sc. Paris, ein spanischer Konquistador) schickte seine Spanier auf Streifereien aus, die darin bestanden, daß sie Indianer aus anderen Provinzen raubten, und er gestattete ihnen, derer so viele als sie nur wollten, aus ihren friedlichen Wohnungen zu ihrer Bedienung zu holen. Sie wurden zusammengeschmiedet, damit sie die Lasten, welche man ihnen aufbürdete und die bisweilen drei Arroben betrugen, nicht abwerfen möchten. Es ereignete sich mehr als einmal, daß sie von 4000 Indianern nicht ihrer sechs lebendig nach Hause brachten; alle übrigen büßten unterwegs ihr Leben ein. Wenn einer oder der andere müde oder von seiner ungeheuren Bürde wundgedrückt war oder vor Hunger, Arbeit und Entkräftung nicht mehr fortkommen konnte, so hieben sie ihm, damit sie nicht nötig taten, ihn von der Kette loszuschließen, dicht über dem Halseisen den Kopf ab, daß der Körper auf diese, und der Kopf auf jene Seite flog ...Da es nun an Brot gebrach, nahmen die Christen den Indianern allen Mais weg, den sie zur Erhaltung der ihrigen vorrätig hatten. Dadurch starben über 20000 bis 30000 Menschen vor Hunger, und es ereignete sich sogar, daß ein Weib ihr Söhnchen schlachtete und solches vor Hunger verzehrte« (Ebd. 34f.).

Bartolomé de las Casas beschreibt auch eindringlich, wie die Eroberer den christlichen Glauben mißbrauchten, ja wie gotteslästerlich sie handelten, als sie um des Goldes und Silbers willen ganze Dörfer der Indios ausrotteten.

Was mit den christlichen Konquistadoren über ganz Lateinamerika seit dem Beginn des 16. Jahrhunderts hereinbrach, ist nur mit unmenschlicher Ausbeutung, ja mit Völkermord zu bezeichnen. Man kann heute nicht glaubwürdig über Nicaragua und Lateinamerika sprechen, wenn man nicht diesen und viele andere Augenzeugenberichte gelesen hat. Hans Magnus Enzensberger schreibt im Hinblick auf den Bericht von Bartolomé de las Casas: »Die Aktualität des Buches ist monströs, es riecht durchdringend gleichzeitig« (Ebd. 138).

Was ergibt sich nun aus diesen Versen von Jesus Sirach und ihrer Wirkungsgeschichte für uns Christen heute?

Die Geschichte Lateinamerikas seit 1492, als Christoph Kolumbus zum erstenmal lateinamerikanischen Boden betrat, ist vor allem eine Geschichte des Völkermordes an den Indios, eine Geschichte der Ausbeutung der Menschen und des Landes, – Vorgänge, an denen die Christen und christlichen Kirchen mitschuldig geworden sind. Hier gilt es, »Trauerarbeit« zu leisten, eine grundsätzliche biblische »Metanoia« zu verwirklichen.

Die Tatsache, daß heute in Lateinamerika die politischen, wirtschaftlichen und gesellschaftlichen Strukturen zutiefst ungerecht sind, ja in ihrer Ungerechtigkeit zum Himmel schreien, ist mitverschuldet durch die Christen und christlichen Kirchen, welche die Geschichte dieses Kontinents in den letzten 500 Jahren maßgeblich mit beeinflußt haben. Wir Christen haben deshalb eine ganz besonders große Mitverantwortung für die Situation in Lateinamerika, wenn wir die Worte des Jesus Sirach ernst nehmen.

Die Interventionspolitik der Vereinigten Staaten in Nordamerika seit 1798 bis heute wurde immer auch mit Hilfe des christlichen Glaubens begründet bis auf den heutigen Tag. Im Lichte der jüdischen und christlichen Traditionen werden wir Christen uns mit allen Kräften gegen diesen Mißbrauch des christlichen Glaubens zu wenden und offen und mutig gegen diese Interventionspolitik zu stellen haben, so wie es die nordamerikanischen katholischen Bischöfe in ihrem Hirtenbrief vom November 1981 getan haben.

Wenn wir hier in der Bundesrepublik Deutschland im Überfluß leben, dann dürfen wir nicht vergessen, daß unser Reichtum mit bedingt ist durch die Armut und den Hunger der Menschen in Lateinamerika. Wir stehen in einem Schuldzusammenhang, ob wir es wollen oder nicht, ob wir uns dieser Wirklichkeit bewußt sind oder nicht.

Wenn wir Eucharistie feiern, dann sollte uns das Beispiel von Bartolomé de las Casas zu denken geben, der nach dem Lesen der Verse von Jesus Sirach für einige Zeit kein eucharistisches Brot mehr essen wollte, weil er von der Überzeugung ausging, daß auch dieses eucharistische Brot vom Blut der Armen getränkt sei. Wir Christen sollten uns gerade auch bei der eucharistischen Feier bewußt werden, daß dieses Brot das Ergebnis von zutiefst ungerechten Strukturen unseres internationalen Weltwirtschaftssystemes ist und daß wir Christen in der Bundesrepublik, ob wir es wollen oder nicht, auf der Seite der Reichen stehen.

Gerechtigkeit in der »Ersten Welt«

Die ökologische Krise und die Christen

Am 9. Feburar 1980 wurde in Stuttgart ein Musiktheaterstück mit dem Titel »Die Erschöpfung der Welt« uraufgeführt, das von Mauricio Kagel geschaffen wurde. Gleich zu Beginn dieses Stükkes heißt es:

»Am Ende erschöpfte Gott den Himmel und die Erde. Die Erde war wüst und öde, Smog lag auf der Urflut, und der Geist Gottes schwamm in den Abwässern. Und Gott sprach: Es werde Licht! Aber es ward kein Licht. Und Gott sah, daß die Finsternis gut war und schied sie nicht vom Licht. Und Gott nannte die Dunkelheit Tag und vergaß so die Nacht! Und es blieb dunkel: ein weiterer, unsicherer Tag ... Und es wimmelte im Wasser von toten Wesen, und die Vögel verschwanden von der Erde. Und Gott brachte die großen Seetiere um und alles Geflügel dazu. Und Gott sah, daß es gut war. Und er segnete mich und sprach: Sei unfruchtbar und vermehre mit Deinem Kadaver die Wasser des Meeres. Es ward schön: ein neuer vorletzter Tag. Und Gott sprach: Lasset den Menschen sterben. Ein Paradies. Mann und Weib schuf er und schuf er wieder ab. Und sagte: Willkommen im Himmel der Erde. Gesegnet in Erkenntnis!«[1]

Ist dies eine Blasphemie? Oder kann man diesen Text nicht auch verstehen als die angstvolle Anklage gegen Gott, der eine Welt erschaffen hat, die sich immer mehr erschöpft, die vom Menschen bis zum letzten ausgeschöpft wird?

Bevor ich auf die theologischen Dimensionen dieser »Erschöpfung der Welt« eingehe, möchte ich aber zuerst hinweisen auf einige grundlegende Dimensionen der ökologischen Krise.

1. Fundamentale Dimensionen der ökologischen Krise

Ich möchte hier keine Ausführungen machen über das Ausmaß und die einzelnen Elemente, die es rechtfertigen, von einer Krise unseres »Hauses«, welches die Welt ist, zu sprechen.[2] Hier möchte ich nur einige, mir wichtig erscheinende Dimensionen dieser Krise kurz darstellen.

Zunächst gilt dies: Die ökologische Krise hat *historische Ausmaße* angenommen. Wir kennen aus der Menschheitsgeschichte revolutionäre Veränderungen, durch die das Verhältnis des Menschen zur Natur und zu seinem Mitmenschen eine tiefgreifende Wandlung erfahren hat. So fand die erste dieser Revolutionen, die sogenannte dörfliche oder agrokulturelle Revolution, etwa um das Jahr 11 000 vor Christus im Nahen Osten statt, als aus Jägern und Sammlern seßhafte Ackerbauern wurden. Die zweite Revolution ist durch das Entstehen städtischer Hochkulturen gekennzeichnet, beginnend im achten Jahrtausend vor Christus ebenfalls im Nahen Osten. Einen dritten gewaltigen Einschnitt in die Geschichte der Menschheit, der von größter Bedeutung wurde, bildete die industrielle Revolution um die Wende vom 18. zum 19. Jahrhundert in Europa. Ich zögere nicht, die ökologische Krise in die Reihe dieser fundamentalen Einschnitte in der Menschheitsgeschichte einzuordnen, weil sie alle Menschen zwingt, ihr Verhalten und ihre Wertorientierungen grundlegend zu ändern.

Die ökologische Krise stellt auch nicht nur ein partielles, eingrenzbares, überschaubares Problemfeld dar, sondern sie hat eine *universale Dimension*. Fast alle Problembereiche, mit denen wir uns heute konfrontiert sehen, haben eben auch eine ökologische Dimension, sei es zum Beispiel das Problem der Arbeitslosigkeit, die Verschuldung der Länder der »Dritten Welt« oder die Rationalisierung der Wirtschaft hier in der Bundesrepublik Deutschland.

Aufgrund dieser Universalität der ökologischen Krise ist sie auch in engem Zusammenhang zu sehen mit den *drei anderen grundlegenden Krisen*, in denen wir uns befinden: mit dem *Nord-Süd-Konflikt*, mit dem *Ost-West-Konflikt* und mit dem *Frau-Mann-Konflikt*.

Um mit dem letzten zu beginnen. Es ist für mich keine Frage, daß die Mentalität der Herrschaft über die Natur, der Ausbeutung der Natur, der Manipulation mit der Natur, der Rationalisierung – im ursprünglichen Sinne des Wortes – nicht nur der Wirtschaft, sondern des gesamten gesellschaftlichen Lebens, das heißt die Unterwerfung aller Bereiche menschlichen Lebens unter die Herrschaft der Ratio sehr entscheidend mit einem einseitigen maskulinen Denken zu tun hat. Umgekehrt ausgedrückt: Wenn unsere Gesellschaft nicht mehr patriarchalisch, sondern partnerschaftlich-geschwisterlich ausgeprägt wäre, wenn der Mann seine ihm angeborene Fraulichkeit und die Frau die ihr angeborene Männlichkeit zugeben und zulassen würde und könnte, wenn unser maskulines gesellschaftliches Wertsystem verändert würde, dann würde sich auch ein Wandel im Verhältnis zur Natur vollziehen.

Der Zusammenhang zwischen dem Nord-Süd-Konflikt und dem Ost-West-Konflikt, die beide untereinander wiederum interdependent sind, und der ökologischen Krise liegt klar auf der Hand. Die internationale Ausbeutung des armen Südens durch den reichen Norden verursacht nicht nur im Süden oft nicht mehr gutzumachende ökologische Schäden, sondern exportiert auch oft die schmutzige industrielle Produktion in die Dritte-Welt-Länder. Und der Raubbau mit den Ressourcen unserer Erde geht zu einem großen Anteil auf Kosten der weltweiten Rüstung. Wenn nur ein Teil der Forschungskapazitäten und der finanziellen Ressourcen, welche für die todbringende Rüstung aufgewandt werden, für die Problemlösung der ökologischen Krise aufgewandt würde, wären wir sicher heute schon einen entscheidenden Schritt vorangekommen.

Die ökologische Krise ist darüber hinaus zu einer *Überlebensfrage der Menschheit* geworden. In dem Bericht an den nordamerikanischen Präsidenten »Global 2000« heißt es: »Der Rückgang der Belastbarkeit der Erde, der schon heute in ganz unterschiedlichen Gebieten zu beobachten ist, verweist auf ein Phänomen, das sich bis zum Jahr 2000 sehr viel weiter ausbreiten könnte. Tatsächlich deuten die besten zur Zeit verfügbaren Unterlagen – die auch die zahlreichen günstigen Auswirkungen der Entwicklung und Übernahme neuer Technologien berücksichtigen – darauf hin, daß die Weltbevölkerung im Jahre 2000 vielleicht nur noch wenige Generationen von dem Zeitpunkt entfernt ist, wo sie die Grenze der Belastbarkeit des gesamten Planeten erreicht hat.«

Die Menschheit arbeitet heute mit begrenzten und teilweise nicht reproduzierbaren Ressourcen der Erde. Gleichzeitig produzieren wir zunehmende Mengen von Schadstoffen, welche die Umwelt zum Teil irreparabel belasten. Die Gefahr einer Überschreitung der Belastbarkeit macht die gegenwärtige ökologische Krise zu einer fundamentalen Überlebenskrise des Planeten Erde und der vom Menschen geschaffenen Kultur und Zivilisation.

Hinzu kommt der ungeheuere *Zeitdruck*, unter dem wir stehen. Nicht nur die Tatsache, daß Milliarden von Menschen heute unter dieser Krise physisch und psychisch zu leiden haben, sondern auch der Umstand, daß in wachsendem Maße nicht mehr gutzumachende Schäden entstehen und begrenzte Ressourcen ausgebeutet werden, zwingt zu einem möglichst schnellen Handeln, zu einer möglichst schnellen Veränderung der Situation.

Dabei handelt es sich bei der ökologischen Krise aber nicht nur um ein technologisches oder ökonomisches Problem. Es geht nicht nur um den Einbau von Filtern in den Kohlekraftwerken und von Katalysatoren in die Autos. Weil vielmehr diese Krise einen solch universalen Charakter hat, weist sie eben auch eine fundamentale *ethische Dimension* auf. Deshalb ist es von so entscheidender Bedeutung, daß die einzelnen nationalen Gesellschaften und die Weltgesellschaft sich bewußt werden, daß ein neues Ethos zum Überleben gefordert ist.

Bevor ich auf diese ethischen Fragen zurückkomme, möchte ich aber von einigen geistesgeschichtlichen Ursachen dieser Krise sprechen.

2. Geistesgeschichtliche Ursachen der Krise

Für das Verständnis der ökologischen Krise ist es wichtig, den engen Zusammenhang zu sehen zwischen dieser Krise und der Geschichte und dem *Denken der Neuzeit*, vor allem einer Gedankenwelt, die noch nicht durch das Fegefeuer der »Dialektik der Aufklärung« hindurchgegangen ist. Das typische neuzeitliche Denken beinhaltet die Vorstellung des ständigen menschlichen Weges vom Schlechten zum Besseren. Es postuliert die Möglichkeit des Fortschreitens von knappen zu immer reichlicheren Lebensmöglichkeiten. Man geht aus von einem *unumkehrbaren Fortschritt* der Menschheit in jeglicher Hinsicht. Das beinhaltet auch den Glauben an ein vor allem ökonomisch ständig expandierendes Wachstum.

Zum Träger dieses Fortschritts wurden in diesem neuzeitlichen Denken die *Wissenschaft* und die *Technik*. Deshalb wurden auch Kriterien wie Rationalität, Zweckhaftigkeit, Planbarkeit, Nützlichkeit, Brauchbarkeit und Leistung immer bestimmender und zwar nicht nur im Bereiche der Wirtschaft, sondern im gesamtgesellschaftlichen Wertsystem. Beispielhaft wird dies etwa deutlich in dem Verhalten der Gesellschaft zu den Behinderten. Der Wert des Behinderten wird gemessen am Anteil seiner Erwerbstätigkeit. Und im Entwurf eines Parteiprogramms der CDU hieß es vor einigen Jahren: »Solidarität setzt Leistung voraus«. Mit anderen Worten: Wer nichts leistet, hat keinen Anspruch auf Hilfe von seiten der Gesellschaft.

Im Verlauf dieser neuzeitlichen Entwicklung entstand aus einer dialektischen Sicht des Verhältnisses von Mensch und Natur heraus immer mehr ein *Herrschaftsverhältnis des Menschen über die Natur*. Der neuzeitliche Mensch hat die Natur objektiviert, vergegenständlicht, zur Sache, zum Ding gemacht und sie in einem selbstüberheblichen Anthropozentrismus für seine Interessen ausgenützt. Er hat darüber vergessen, daß er selbst Teil der Natur ist und die Ausbeutung der Natur ihm selbst am meisten schadet. Indem das neuzeitliche Denken die Trennung von Subjekt und Objekt vollzog und das Subjekt Mensch das Objekt Natur erforschte, manipulierte, über es herrschte, es maßlos ausbeutete, sich selbst als Zentrum des Kosmos und als absoluter Herrscher der Welt ausgab, wurde diese Denk- und Geisteshaltung zu einer wesentlichen Ursache der heutigen ökologischen Krise. Neuzeitlich denken und handeln heißt Erkenntnis der Natur und damit Beherrschung der Natur. In der aufgeklärten Entzauberung der Natur leistete der Mensch aber Verzicht auf Sinn. Die menschlichen zweckrationalen Ziele erweisen sich zunehmend als partikular und deshalb perspektivenlos für die Lösung der entscheidenden Probleme.

Damit verbunden war eine vor allem von Descartes verursachte *Trennung von Natur und Geist*, ja der hierarchischen Überordnung des Geistes über die Natur. Zwar hat uns Karl Marx wieder darauf hingewiesen, wie sehr Geist und Bewußtsein auf die ökonomische Basis angewiesen sind, aber indem er an dem wissenschaftlichen Fortschrittsdenken partizipierte, blieb er ein Kind seiner Zeit. Mit dieser Suprematie des Geistes über die Natur ist eng verbunden die hierarchische Pyramide von Natur, Zivilisation und Kultur, wie sie vor allem dem deutschen Bildungsbürger zu eigen war und ist. Da Zivilisation der Kultur und Natur beiden zu dienen hat, wurde die Natur immer mehr zu einer willkürlich manipulierten und verfügbaren dinglichen Größe.

In diesem Zusammenhang drängt sich natürlich die Frage auf: Wie steht es mit dem Einfluß, zugespitzt gesagt: mit der *Schuld des Christentums an dieser Entwicklung*? Die kontroverse Diskussion über diese Frage wurde schon seit Jahrzehnten geführt im Zusammenhang mit dem Problem, welchen Einfluß der christliche Glaube überhaupt auf das neuzeitliche Denken genommen hat. Während die einen behaupten, daß das Wesen der Neuzeit ja gerade darin bestehe, sich von Religion, Christentum und Kirche zu emanzipieren, behaupten die anderen, daß es gerade eine spezifisch-christliche Sicht von Welt und Mensch war, welche die »Weltlichkeit der Welt« erkannt habe.

Im Zusammenhang unseres Problems der ökologischen Krise beschreibt Carl Amery in seinem Buch »Das Ende der Vorsehung« die »gnadenlosen Folgen des Christentums«. Es heißt dort: »Das Christentum und seine Erben waren jedoch außerordentlich erfolgreich in der Weckung von Energien, die sich um den ältesten Auftrag der jüdisch-christlichen Tradition bemühten: um den totalen Herrschaftsauftrag über den Rest der Schöpfung. Es war erfolgreich in der Übermittlung selbstverständlichen Vertrauens in die Garantien der Genesis: qualitative Einzigartigkeit des Menschen, totale Profanität der Natur, ihre Verfügbarkeit als Ausbeutungsobjekt und ihr unerschütterliches ökonomisches Gleichgewicht.«[3] Und Eugen Drewermann schreibt in seinem Buch »Der tödliche Fortschritt«[4] im Hinblick auf die ökologische Krise: »Der entscheidende Wegbereiter dieser Entwicklung indessen ist die Geisteshaltung Europas. Sie allein hat im Gefolge und im säkularisierten Erbe des Christentums den Menschen nicht als Teil der Schöpfung, sondern als Herrscher über die Natur gesehen und am Menschen selbst wiederum nur den Verstand und Herrschaftswillen gelten lassen.«

Man hat diesen Argumenten entgegengehalten, daß es die christlichen Kirchen, vor allem die katholische Kirche war, die sich im Verlaufe der neuzeitlichen Entwicklung ja mit allen Mitteln gegen Neuerungen wandte und als konservative Institution den Fortschritt, die Wissenschaft und die Technik bekämpfte.

Dieses Argument überzeugt aber nicht. Zwar ist die Tatsache des – in ursprünglichem Sinne – »reaktionären« Verhaltens vor allem der katholischen Kirche nicht zu bestreiten. Dies widerspricht aber nicht der Tatsache, daß wichtige Elemente des christlichen Glaubens – im guten, zum Beispiel im Hinblick auf die Entfaltung der Menschenrechte, wie im schlechten, etwa im Hinblick auf bestimmte Elemente neuzeitlichen Denkens – wirkungsgeschichtlich ungeheuer mächtig waren. Insofern tun wir als Christen und christliche Theologen gut daran, die Herausforderungen eines Amery und Drewermann sehr ernst zu nehmen und als christliche Kirchen »Trauerarbeit« zu leisten, das heißt im biblischen Sinne umzukehren.

Denn der optimistische neuzeitliche Fortschrittsglaube wurde ja allerspätestens seit Dachau und Auschwitz ad absurdum geführt. In der nationalsozialistischen Ideologie waren es eben nur noch bestimmte Menschen, die zu Subjekten erklärt, während alle anderen und alles andere zu Objekten degradiert wurden. Und spätestens der erste Bericht des »Club of Rome« über die »Grenzen des Wachstums« (1972 erschienen), so problematisch er im einzelnen auch sein mag, hat den Menschen, die es wahrnehmen wollen, klargemacht, daß die Ausbeutung der Natur durch den Menschen auf den Menschen zurückfällt. Es wurde deutlich, daß Fortschritte in der wissenschaftlichen und technischen Naturbeherrschung nicht zwangsläufig Fortschritte in der Humanisierung der menschlichen Gesellschaft sein müssen. Und die Tatsache, daß einem Viertel der Menschheit die Befriedigung ihrer Grundbedürfnisse nach Ernährung, Kleidung, Wohnung, Ausbildung und Gesundheit heute versagt bleiben *wegen* unserer augenblicklichen gesellschaftlichen und ökonomischen Weltordnung, die Tatsache ferner, daß die Uhr, welche das von Menschen verursachte Weltende anzeigt, um die Jahreswende 1983/84 von der Zeitschrift »The Bulletin of the Atom Scientist« von vier auf drei Minuten vor zwölf vorgerückt wurde, zeigen deutlich, zu welchem Ergebnis ein frevelhaftes Herrschaftsdenken von Menschen über Menschen und Sachen führt.

Gibt es Wegweiser, die aus der Krise führen können?

3. Elemente der jüdisch-christlichen Traditionen als mögliche Antwort auf die ökologische Krise

Mit dieser Überschrift soll nicht gesagt sein, daß es keine allgemein menschlichen, rationalen Argumente und allgemein philosophisch-ethischen Gesichtspunkte gäbe, die uns in dieser Situation weiterhelfen könnten. Es wird hier auch nicht der Anspruch erhoben, eine umfassende theologische Antwort auf die ökologische Krise zu geben. Davon bin ich allerdings überzeugt, daß die jüdisch-christlichen Traditionen einen wichtigen Beitrag leisten können bei der Überwindung dieser Krise.

Zunächst muß man dies sehen. Die alttestamentliche Botschaft des Buches Genesis wurde und wird völlig mißverstanden, wenn sie als göttlicher Auftrag und göttliche Absegnung zur grenzenlosen Ausbeutung der Natur und zur willkürlichen Herrschaft über die Natur verstanden wird. Darauf hat vor allem Norbert Lohfink mit überzeugenden Argumenten hingewiesen[5]. Nach dem ältesten biblischen Schöpfungsbericht (Genesis 2,4b–25) bilden Mensch und Erde eine Schicksalsgemeinschaft, die auch nach der Vertreibung aus dem Paradies fortbesteht. Die Ackererde ist das Material, aus dem der Schöpfer den Leib des Menschen formt. Zu der Erde, aus der er genommen wurde, wird er wieder zurückkehren. Wenn Franz von Assisi später in seinem berühmten »Sonnengesang« den Wind Bruder und das Wasser Schwester nennt, bringt er auf dichterische Weise dieses grundlegende Hineingebundensein des Menschen in den Kosmos und in die Natur zum Ausdruck. Aber schon der paradiesische Mensch hat den Garten, der ihm anvertraut wird, zu bebauen, vor allem aber zu bewahren und zu hegen. Damit wird schon angedeutet, was wohl auch heute not tut. Es kann sich zwar sicher nicht darum handeln, in ein naives »Zurück zur Natur« zu verfallen. Vielmehr gilt es, die Erde gleichzeitig zu *bebauen* und zu *bewahren*. Der Auftrag von Genesis 1,28 spricht dem Menschen nicht das Recht zu, das, was die Erde bietet, für seine egoistischen Zwecke auszubeuten. Sich die Erde untertan zu machen meint vielmehr, sich auf ihr niederzulassen und sie als Wohngebiet zu nutzen. Der Mensch kann sich nicht als absoluter Herrscher über den Kosmos verstehen, sondern hat vielmehr die Aufgabe eines *Treuhänders* zu übernehmen. Nicht umsonst wird deshalb im Alten Testament die Verpflichtung auferlegt, in gewissen Zeiträumen den Acker brachliegen zu lassen.

Wir können vor allem aus den alttestamentlichen Traditionen lernen, wie sehr der Mensch in den Kosmos hineingebunden ist, wie sehr er integrierender Bestandteil der Natur ist und nicht einfach über ihr steht und sie beherrscht. Dies vor allem scheint mir wichtig zu sein: Den Menschen sicher zu sehen als denjenigen, der als einziger im gesamten Kosmos Bewußtsein und damit Verantwortung hat, der aber doch bleibend und konstitutiv *Bestandteil der Natur* ist. Exemplarisch seien in diesem Sinne einige Verse aus dem Psalm 104 zitiert: »Lobe den Herrn, meine Seele! Herr, mein Gott, wie groß bist du! Du bist mit Hoheit und Pracht begleitet. Du hüllst dich in Licht wie in ein Kleid, du spannst den Himmel aus wie ein Zelt. Du verankerst die Balken deiner Wohnung im Wasser. Du nimmst dir die Wolken zum Wagen, du fährst einher auf den Flügeln des Sturms. Du machst dir die Winde zu Boten und lodernde Feuer zu deinen Dienern ... Du läßt Gras wachsen für das Vieh, auch Pflanzen für den Menschen, die er anbaut, damit er Brot gewinnt von der Erde und Wein, der das Herz des Menschen erfreut, damit sein Gesicht von Öl erglänzt und Brot das Menschenherz stärkt ... Nun geht der Mensch hinaus an sein Tagwerk, an seine Arbeit bis zum Abend. Herr, wie zahlreich sind deine Werke! Mit Weisheit hast du sie alle gemacht, die Erde ist voll von deinen Geschöpfen ... Sie alle warten auf dich, daß du ihnen Speise gibst zur rechten Zeit. Gibst du ihnen, dann sammeln sie ein; öffnest du deine Hand, so werden sie satt an Gutem. Verbirgst du dein Gesicht, sind sie verstört; nimmst du ihnen den Atem, so schwinden sie hin und kehren zurück zum Staub der Erde. Sendest du deinen Geist aus, so werden sie alle erschaffen, und du erneuerst das Antlitz der Erde.«

In diesem Zusammenhang erhält auch die zentrale christliche Verpflichtung zur Nächstenliebe eine neue Ausweitung. Denn diese Verpflichtung kann sich ja sinnvollerweise nicht nur auf eine Erinnerung an die Verstorbenen und auf ein solidarisches Verhalten mit den Lebenden beziehen, sondern muß sich logischerweise auch erstrecken auf die Verpflichtung den *kommenden Generationen* gegenüber. Das »Nach-uns-die-Sintflut« ist für einen Christen indiskutabel. Er kann nicht auf Kosten der nachfolgenden Generationen das Heute genießen. Daraus ergeben sich natürlich sehr konkrete Forderungen, zum Beispiel im Hinblick auf die irreparable Ausbeutung der Ressourcen und die Ablagerung von radioaktivem Müll. So kommt dem Christen also eine ungeheure Verantwortung für die kommenden Generationen zu, und er muß sich als Treuhänder und Interessenvertreter der Menschen dieser kommenden Generation verstehen. Man hat diesen Aspekt anschaulich die Notwendigkeit einer »Enkelethik« genannt.

Gerade die Christen werden sich aber auch darüber Rechenschaft abzulegen haben, daß auf der Grundlage des immer auch christlich legitimierten Kolonialismus die begrenzten Ressourcen der Erde von einer reichen Minderheit der Weltbevölkerung abgebaut und verbraucht wurden. Die politischen und ökonomischen Interessen dieser Minderheit in dem industrialisierten Norden an den Rohstoffen, die für die industrielle Produktion notwendig sind, führte bis heute zu völlig ungerechten internationalen Strukturen und zu der immer noch wachsenden Armut im Süden. Diese Armut der Mehrheit der Weltbevölkerung, vor allem der Hunger im Südgürtel der Erde, ist ein Aspekt des von reichen Industrienationen beherrschten weltweiten Wachstums. In seiner Ansprache auf der Dritten Generalversammlung des lateinamerikanischen Episkopates in Puebla am 28. 1. 1979 sprach Papst Johannes Paul II. von den »Mechanismen, die, da sie nicht von einem authentischen Humanismus, sondern von Materialismus geprägt sind, auf internationaler Ebene die Reichen immer noch reicher machen auf Kosten der Armen, die immer ärmer werden«[6].

Angesichts dieser von den Christen und christlichen Kirchen mitverschuldeten Situation werden sich die Christen zu besinnen haben auf die *»vorrangige Option für die Armen«*, wie sie in dem Schlußdokument der Dritten Generalversammlung des lateinamerikanischen Episkopates in Puebla so eindrücklich gefordert wurde. Es heißt dort: »Wir bestätigen die Notwendigkeit der Umkehr der gesamten Kirche im Sinne einer vorrangigen Option für die Armen mit Blickrichtung auf deren umfassende Besinnung. Die überwiegende Mehrheit unserer Länder lebt weiterhin in Armut und sogar in Elend, das noch zugenommen hat ... Wir erinnern daran, daß sie der elementarsten materiellen Güter entbehren im Gegensatz zu der Anhäufung von Reichtum in den Händen einer Minderheit, was häufig um den Preis der Armut vieler geschieht.«[7] Was dies für die Praxis der Christen und der christlichen Gemeinden bedeutet, werden wir später noch erörtern.

Eine Bewältigung der ökologischen Krise, die das Interesse der Armen in der Weltbevölkerung und das Leben künftiger Generationen nicht vergißt, wird ohne bewußten *Verzicht* auf denkbare Lebensmöglichkeiten in den reichen Industriestaaten nicht möglich sein. Es stellt sich hier die Frage nach den Konsequenzen aus der christlichen Sicht des Menschen für die Befriedigung der Bedürfnisse aller Menschen. Eine Orientierung an den Grundbedürfnissen nach Ernährung, Kleidung, Wohnung, Ausbildung und Gesundheit entspricht sicher eher dem biblischen Ethos als die Maximierung von Gewinn, Wachstum und Leistung. Zeitgemäße Formen signalhaften Verzichtes und symbolischer Genügsamkeit von einzelnen Christen, von christlichen Gruppen und Gemeinden finden hier ihre Begründung und erweisen sich als sinnvoll. Dabei ist allerdings darauf zu achten, daß der Verzicht politisch nicht mißbraucht wird. Es ist Aufgabe der Christen, sich den Fragen, für wen und für was man verzichtet, und den Fragen nach den Formen des Verzichtes zu stellen.

Der Christ wird sich also zu erinnern haben an die alten christlichen Traditionen der Askese und der Enthaltsamkeit. Nun aber nicht im Sinne einer Selbstzerfleischung, einer Menschenverachtung, eines falsch verstandenen Leistungsethos, einer moralisierenden Geschlechtsfeindlichkeit, sondern im Sinne einer freiwillig erfolgten Beschränkung zugunsten anderer, zugunsten auch der Bewahrung unserer Natur. So könnten dann die in Mißkredit geratenen Begriffe von Opfer, von Sichversagen, von Enthaltsamkeit und Verzicht auf einmal wieder eine ganz neue Dimension bekommen und einen neuen Sinn erhalten.

Hinzu kommt folgendes. Die neuzeitlich-naturwissenschaftliche Erkenntnis nimmt an ihren Gegenständen nur wahr, was quantitativ und empirisch »clare et distincte« (Descartes) erfaßbar ist. Das Erkenntnis-Objekt gibt nur das preis, was das Erkenntnis-Subjekt als Antwort auf seine naturwissenschaftlichen, empirischen Fragen identifiziert und gelten läßt.

Angesichts der ökologischen Krise ist heute zu fragen, ob diese Erkenntnishaltung bei all ihren Erfolgen nicht doch zu wenig erkennt. Es zeigt sich immer deutlicher, daß die Dominanz dieser Erkenntnishaltung im technischen Industriesystem nicht nur das Objekt deformiert, sondern auch die Wahrnehmungsfähigkeit des Subjekts einschränkt. Die bereits angesprochene Trennung von Subjekt und Objekt macht *teilnehmende Wahrnehmung eines Ganzen* unmöglich. O. H. Steck bemerkt dazu richtig: »Dieser Verlust von ganzheitlicher Wahrnehmung des erkennenden Subjekts im lebendigen, begegnenden Umgang mit dem, das erkannt werden soll, geht unter dem dominierenden Diktat naturwissenschaftlicher Erkenntnisprämissen einher mit dem Verlust des Feldes, auf dem sich ganzheitliche, zeitliche Wahrnehmung ereignet, dem Feld der Erfahrung.«[8]

Hinzu kommt, daß die neuzeitliche »Willens- und Verstandeskultur« (C. F. von Weizsäcker) die Wahrnehmung der inneren Natürlichkeit des Menschen zu stark einschränkt. Die Verdrängung der inneren Partizipation des Menschen an seiner eigenen Natur aber macht krank. Die »Wahrheit der Träume« (E. Drewermann) läßt sich nur auf Kosten der Menschlichkeit verleugnen.

Angesichts dieser Situation wird sich der Christ jener biblischen Traditionen vergewissern, die von einer *ganzheitlichen Sicht des Menschen und des Kosmos* ausgehen und die neben der rationalen Erkenntnis auch andere Dimensionen menschlicher

Einsichten und Erfahrungen betonen. Die Aussagen des Alten und Neuen Testamentes, daß der Mensch Gott lieben soll mit »seinem ganzen Herzen, seiner ganzen Seele und seinem ganzen Verstand« (Dtn 6,5; Mt 22,37), machen diese ganzheitliche Sicht des Menschen und seiner Erkenntnisweise deutlich. Entsprechend hatten diese ganzheitliche Wahrnehmung und der Umgang mit der eigenen Natürlichkeit schon immer ihren Ort in der Religion. Eine Erinnerung an eine solche »Weltanschauung« und eine solche Erfahrungsweise ist heute allerdings nicht leicht wiederzugewinnen, und es reicht auch nicht der selbstgewisse Hinweis auf die tradierten Begriffe und Formen. Die Herausforderung für uns Christen heute besteht vielmehr darin, uns um einen Bewußtseinswandel zu mühen, der die Einsichten der wissenschaftlichen Theorien und die Erkenntnisse der Aufklärung mit der religiösen Erfahrung und meditativen Wahrnehmung zusammendenkt und sie miteinander vermittelt. Eine Regression in vorwissenschaftliches und voraufklärerisches Denken verbietet sich. Es kann sich nur um eine kritische Aufarbeitung und Auseinandersetzung handeln mit dem Ziel, sich selbst und die Welt umfassender und ganzheitlicher wahrzunehmen.

Andererseits erinnern uns die biblischen Traditionen auch mit Nachdruck an die *Beschränktheit* und *Bedingtheit* menschlichen Daseins, an seine Ambivalenz, mit anderen Worten: an seine Sündhaftigkeit. Dies könnte den Christen vor einer Hybris des Menschen, vor einer maßlosen Überschätzung seiner selbst und seiner Kräfte bewahren und ihm helfen, seine eigenen Grenzen und die Grenzen der Ressourcen, die Grenzen der Belastbarkeit der Natur, die Grenzen des Wachstums nüchtern und realistisch zur Kenntnis zu nehmen. Und die Aussagen der biblischen Traditionen über die Erbsünde erinnern uns Christen daran, daß kein Mensch und keine Gesellschaft eine »tabula rasa« vorfindet, sondern in einem geschichtlichen Zusammenhang, vor allem auch in einem Schuldzusammenhang steht, in dem wir uns zunächst einmal zwar ohne unsere Schuld vorfinden, den wir aber andererseits auch erweitern oder einschränken können.

4. Einige Konsequenzen

Auf dem Hintergrund des Gesagten soll nun versucht werden, einige Konsequenzen zu ziehen, die sich für den einzelnen Christen, für die christliche Gemeinde, für die Theologie und für die Kirchen angesichts der ökologischen Krise ergeben. Sie werden sicher nicht erschöpfend dargestellt, aber sie können uns vielleicht helfen, den Schritt von der Theorie in die Praxis zu tun.

Konsequenzen für den einzelnen Christen

Zunächst gilt es dies festzustellen. Jeder Christ, der sich auf den schwierigen Versuch einläßt, angesichts der heutigen Bedrohung der Welt und der Menschen an der Hoffnung auf den befreienden Gott festzuhalten und diese Hoffnung in einer befreienden Praxis Gestalt werden zu lassen, der wird die Leiden der Menschen in dieser Welt ganz ernst nehmen, er wird sie sich zu eigen machen und sich mit den Leidenden solidarisieren. Es gibt kein Christsein ohne »*Sympathie*«, ohne Mitleiden an dem entsetzlichen Elend und der ungeheueren Gefährdung der Menschen. Wer meint, den christlichen Glauben wohlbehütet und abgeschirmt von dem »schmutzigen Geschäft« der Politik durch die Zeiten tragen zu können, wer glaubt, sich in eine neue Innerlichkeit zurückziehen zu können, verrät die Sache Jesu.

Dies gesagt, kann wohl das Folgende nicht mißverstanden werden. Für den Christen ist es wichtig, einen neuen Umgang mit der eigenen *inneren Natur* zu erlernen. Dies ist auch dann richtig, wenn im Bereich der Alternativkultur sich Bewegungen und Sekten mit oft problematischen Inhalten und Methoden ausbreiten. Vielmehr hat Eugen Drewermann recht, wenn er schreibt: »Um mit der Natur draußen innerlich in Einklang zu kommen, bedürfte es eines Menschen, der zuallererst in seiner inneren Natur, mit seinem Gefühl, seiner Phantasie, mit seinem ›Unbewußten‹ tief genug verankert wäre, um darin eine wahre Verbindung und Einheit mit der ihn umgebenden ›Natur‹ zu entdecken, als sie der objektivierende Verstand und ein einseitiger Herrschaftswille ›herstellen‹ können.«[9]

Damit verbunden ist die Frage nach dem *neuen Lebensstil.* In dem »Memorandum der gemeinsamen Konferenz der Kirchen für Entwicklungsfragen (GKKE) aus Anlaß der vierten Konferenz der Vereinten Nationen für Handel und Entwicklung (UNCTAD IV) in Nairobi Mai 1976« heißt es zu Recht: »Soll eine neue, gerechtere Weltwirtschaftsordnung entstehen, so sind tiefgreifende Entscheidungen im politischen Bereich zu treffen, müssen schwerwiegende strukturelle Änderungen in unserer Wirtschaft und Gesellschaft bewältigt werden. Wenn es das Ziel einer neuen Ordnung ist, allen Menschen einen gerechten Anteil an den lebensnotwendigen Gütern dieser Erde zu ermöglichen – und es hieße zunächst nur, Millionen von Menschen zu Befriedigung ihrer elementarsten Bedürfnisse zu verhelfen –, dann muß allerdings darüber hinaus die Frage gestellt werden, ob sich nicht auch das ganze alltägliche Arbeits-, Konsum- und Freizeitverhalten des einzelnen radikal verändern muß.«[10]

Die Forderung nach einem neuen Lebensstil beinhaltet zunächst den Versuch zur Erprobung neuer individueller Verhaltensweisen im privaten Konsumbereich. Im weiteren Sinne geht es aber um den Ausbruch aus den Wertorientierungen einer spätkapitalistischen und hochindustrialisierten reichen Gesellschaft. Dabei ist die Erkenntnis grundlegend, daß das leitende gesellschaftliche Grundmuster für die verschiedenen Aspekte dieses Lebensbereichs dasselbe ist sowohl für den Konsum- und Kommunikationsbereich wie für den Arbeits- und Wirtschaftsbereich. Demgegenüber könnte der neue Lebensstil folgende Werte beinhalten: einfacher Konsum, hoher Güterverbrauchswert, Entfaltung und Befriedigung immaterieller Bedürfnisse nach Selbstverwirklichung, nach Kreativität und Spiel, die vorrangige Orientierung an Solidarität und Humanität; die ökologische Verantwortung durch angepaßte Wirtschaftsformen; partizipative Strukturen in allen Lebensbereichen.

Die Möglichkeiten der Verwirklichung eines neuen Lebensstils von einzelnen Christen oder Gruppen liegen vorwiegend noch im Bereich symbolischer Wirkung. Kurzfristig werden sich politische und ökonomische weltweite Strukturen dadurch nicht verändern. Es geht noch darum, alternative Einstellungen und Verhaltensweisen einzuüben und als positive Leitbilder für die Gesellschaft vorzuleben. Ihren ökonomischen und ökologischen Sinn gewinnen sie aber als Auseinandersetzung um neue Werte, die die gesamte Menschheit lernen muß, wenn sie überleben will.

Diese Bemühungen um einen neuen Lebensstil müssen aber notwendigerweise ergänzt werden durch das *politische Engagement* des einzelnen Christen. Nicht der womöglich narzißtische Ausstieg aus der Gesellschaft ist die dominante christliche Alternative, sondern das sich Einmischen in die konkrete politische Auseinandersetzung.

Denn wenn die bereits erwähnte »vorrangige Option für die Armen« nicht nur Lippenbekenntnis bleiben soll, muß diese Option in politisches Handeln umgesetzt werden, und dies in zweierlei Hinsicht.

Zum einen hat sich der Christ, der in der reichen Industriegesellschaft lebt, dafür einzusetzen, daß der armen Mehrheit der Weltbevölkerung möglichst schnell wirksam geholfen wird. Das beinhaltet vor allem eine umfassende Reform der zutiefst ungerechten Weltwirtschaftsordnung. Dabei wird man sich aber vollständig darüber im klaren sein müssen, daß eine wirkliche Reform dieser strukturellen Ungerechtigkeiten tiefgehende Einschränkungen für die Industrienationen mit sich bringen wird.

Zum anderen aber werden sich die Christen in der »Ersten Welt« politisch zu engagieren haben für die Ausgebeuteten in dem eigenen Land, wie dies Kardinal Lorscheider in seiner Rede während der »Nacht der Solidarität« am 7.7.1984 auf dem »Katholikentag von unten« in München nachdrücklich gefordert hat. Es gibt nicht nur Arme in der »Dritten Welt«. Es gibt auch »strukturelle Armut« in der Bundesrepublik Deutschland, das heißt, es gibt Menschen, die aufgrund ungerechter Strukturen in diese Armut hineingeboren werden und in ihr sterben. Ihr Anteil an der Gesamtbevölkerung wird aufgrund ernstzunehmender Untersuchungen auf rund zehn Prozent geschätzt.

Konsequenzen für die christlichen Gemeinden

Christlicher Glaube und christliche Praxis stellen keine einmal fertige Größe dar, sondern sind immer auf dem Wege. Und zwar auf einem Weg, dessen Beschaffenheit und Richtung immer wieder kritisch in Frage gestellt werden muß. Und oft wird der Christ erkennen, daß er umkehren muß. Diesen Weg geht der Christ aber nicht allein, sondern gemeinsam mit der »Exodus-Gemeinde« (Jürgen Moltmann). So gesehen, wird die christliche Gemeinde zu einem bevorzugten *Ort des Lernens* für die Christen. Unter Lernen, lebenslangem Lernen wird hier verstanden die Veränderung sowohl von internalisierten Werten und Einstellungen wie auch von äußerlichen Verhaltensweisen aufgrund neuer Erkenntnisse und neuer Erfahrungen. Dieser Lernprozeß darf sich nicht nur auf der kognitiv-rationalen Ebene abspielen, sondern vor allem auch auf der Ebene gemeinsam gemachter Erfahrungen. Im Zusammenhang mit Diskussionen, Gottesdiensten, Aktionen, Meditationen, dem Erlebnis und Schaffen von Kunst, bei Feier und Spiel lernt die Gemeinde, vor allem dann, wenn sie gute und schlechte Erfahrungen, wenn sie das Erlebnis von Erfolg und Schuld gemeinsam aufarbeitet.

Die christliche Gemeinde hat in vielerlei Hinsicht zu lernen, vor allem aber auch im Zusammenhang mit der ökologischen Krise. Die Gefährdung der Natur muß eine bleibende Dimension im Leben der christlichen Gemeinde sein, und auf vielfältige Weise werden die Christen so lernen, anders mit ihrer eigenen inneren Natur, mit den Mitchristen und Mitmenschen, mit der sie umgebenden Natur umzugehen. Es gibt Beispiele dafür, daß christliche Gemeinden einen Bewußtseinswandel initiiert und ihre Mitglieder »verleitet« haben, die Welt und sich selbst anders zu sehen und anders zu behandeln.

Daß ein solcher Lernprozeß von einzelnen und von Gruppen oft sehr schwierig sein kann, hängt auch damit zusammen, daß liebgewonnene Vorstellungen, Werte und Privilegien aufzugeben sind. Dies geht nicht ohne emotional besetzte Auseinandersetzung und Konflikte. Gerade christliche Gemeinden könnten aber ein *Diskussionsforum* bilden, auf dem gerade auch kontroverse Positionen im Geiste der Toleranz artikuliert werden können. Gerade die Ökologiebewegung zeigte ja, daß bei der Behandlung dieser Themen die oft gängigen Konfliktfronten zwischen jung und alt oder konservativ und progressiv durchbrochen werden können.

Es ist sicher auch Aufgabe der christlichen Gemeinden, *ökologischen Gruppen und Initiativen Raum zu geben*. Das gilt zunächst im wörtlichen Sinne, indem man ihnen Räume im Gemeindehaus oder sonstwo zur Verfügung stellt. Es gilt aber darüber hinaus auch in dem Sinne, daß solchen Gruppen im Leben der Gemeinde ein Freiheitsraum angeboten werden sollte, wo sie arbeiten und sich auch darstellen können. Und dies auch dann, wenn nicht alle Mitglieder dieser Gruppe Christen sind und wenn ihr Lebensstil nicht dem Normalmaß entspricht. Nicht selten waren ja bisher schon christliche Gemeinden die Keimzelle ökologischer Initiativen. Das gilt vor allem für den protestantischen Bereich. Und ausgehend von christlichen Gemeinden hat sich die Ökologiebewegung auch überregional konstituiert.

Darüber hinaus hat aber nicht nur der einzelne Christ, sondern auch die christliche Gemeinde aufgrund des christlichen Glaubens ein *politisches Mandat*.[11] Dabei wird Politik hier in einem umfassenden Sinne verstanden: Politik hat es mit der Polis zu tun, mit der öffentlichen Dimension eines Gemeinwesens. Es ist sicher nicht leicht, Inhalt, Formen und Grenzen dieses politischen Mandats der christlichen Gemeinde genau zu bestimmen. Aber das darf die Gemeinde nicht dazu verleiten, die Verwirklichung von Freiheit, Frieden, Gerechtigkeit und Leben nur dem einzelnen Christen zu überlassen. Im übrigen hatte die christliche Gemeinde in ihrer Geschichte schon immer eine politische Bedeutung, durch Tun oder Unterlassen und unabhängig davon, ob sie sich dieser politischen Relevanz ihres Lebens bewußt war oder nicht.

Dieses politische Mandat kommt der christlichen Gemeinde natürlich auch besonders zu angesichts der ökologischen Krise. Weil die biblische Botschaft wichtige inhaltliche Elemente in die Diskussion einbringen kann, muß die christliche Gemeinde auch den Schritt von der theologischen Theorie, von der Spiritualität hin zur gesellschaftlichen Praxis vollziehen. Dabei braucht sie auch keine Berührungsängste davor zu haben, mit außergemeindlichen oder nichtchristlichen Initiativen und Gruppen bei konkreten Aktionen zusammenzuarbeiten, kurz: mit allen Menschen guten Willens.

Eine wichtige Rolle kommt dabei den *Gottesdiensten* der Gemeinden zu. Wenn man die einseitige Orientierung an beruflichem Erfolg und materiellem Konsum auch als Kompensation religiöser Unsicherheit deutet, wenn man die Lösung der Probleme des menschlichen Umgangs mit Natur nicht allein zweckrationalen Maximen überlassen will, dann kommt dem symbolischen Verhalten der christlichen Gemeinde eine große Bedeutung zu. Dabei muß allerdings sofort vor dem Mißverständnis gewarnt werden, Gottesdienst ausschließlich als Lernprozeß zu verstehen. Neue Formen kirchlichen Gottesdienstes sollten vielmehr symbolisch nachvollziehbar machen, daß der Mensch jenseits von Leistung und Konsum vor Gott ein unendlich wertvolles Wesen ist. Auch dabei handelt es sich natürlich um einen Lernprozeß, in dem der Mensch aber mehr ist als nur ein Verstandeswesen. Gottesdienst als Ort religiöser Erfahrung wird versuchen, die einseitige Orientierung des neuzeitlichen Menschen am Verstand zu problematisieren. Dabei brauchen sich die Kirchen nicht an die heutigen Sektenreligionen anzupassen. Vielmehr ist es so, daß in der christlichen Tradition selbst reiche Elemente des menschlich-religiösen Umgangs mit der Natur, den Sinnen und den Gefühlen vorhanden und heute neu zu entdecken sind.

Konsequenzen für die Theologie

Es kann für die katholische Theologie nicht darum gehen, angesichts der ökologischen Krise in der Tradition konservativer kirchlicher Fortschrittskritik die eigene Geltung nun neu restaurieren zu wollen, gar mit dem Anspruch, daß man schon immer recht gehabt habe. Eine fruchtbare Auseinandersetzung kann nur erfolgreich sein in grundsätzlicher Solidarität mit den Problemen der Moderne. Auch und gerade für den Theologen ist das Gebot der »Sympathie«, das heißt des Mitleidens an dem Elend der Menschen von fundamentaler Bedeutung. Diese Grundstimmung der Sympathie wird die Theologie auch davon abhalten können, von neuem als Lehrmeister der Menschen aufzutreten mit dem Anspruch, eine umfassende Antwort auf die ökologische Krise zu haben.

Die Theologie wird daran zu arbeiten haben, die verhängnisvolle Trennung von Naturwissenschaften und Geisteswissenschaften überwinden zu helfen. So verständlich der Rückzug der Theologie aus dem ernsthaften Dialog mit Naturwissenschaften und Technik angesichts ihrer geschichtlichen Niederlagen ist – vgl. nur den Fall Galilei, die Auseinandersetzungen um Darwin und Freud –, so wenig hat dieser faktische Rückzug der Theologie den Sinn einer Auseinandersetzung schon beendet. Theologie muß neu sehen, daß es aus genuin theologischen Gründen unverantwortlich ist, die Erkenntnis und Gestaltung der Welt allein den Naturwissenschaften und der Technik zu überlassen und sich in einen elfenbeinernen Turm zurückzuziehen.

Theologie muß versuchen, die Eigendynamik der zweckrationalen Welt zu durchbrechen. Sie muß den Rückzug auf die Bereiche rein innerer Glaubenswelt oder die Reduzierung auf eine nur personal verstandene Sittlichkeit heute verstehen als Verarbeitungsversuche der neuzeitlichen Trennung weltlicher Ethik von der Theologie. Der Rückzug christlicher Theologie aus dem Diskurs um technische Weltveränderung und politische Weltgestaltung, das Akzeptieren der Eigengesetzlichkeit von Ökonomie, Politik, Wissenschaft und Kunst im strikten Gegenüber zur Religion muß angesichts der ökologischen Krise als historisch begrenzte Phase christlicher Theologie gesehen werden. Nicht anmaßend und überheblich, aber sehr energisch muß der Theologe sich heute einmischen in die Diskussionen um neue Wertprioritäten, um einen neuen notwendigen Grundkonsens der Gesellschaft im Hinblick auf das Ethos der Natur. Bei aller Kritik an einer einseitigen, zweckrationalen naturwissenschaftlich verstandenen Wissenschaft darf es dabei nicht um weniger, sondern muß um mehr Rationalität gehen. Das heißt, um eine umfassendere, möglichst alle Dimensionen umgreifende und von ethischer Verantwortung getragene rationale Durchdringung der Welt.

In der Erklärung der deutschen Bischofskonferenz über die »Zukunft der Schöpfung – Zukunft der Menschheit« heißt es: »Die Menschheit hat nur Zukunft, wenn die Schöpfung Zukunft hat.«[12] Da dies zweifellos richtig ist, kommt der Theologie die dringende Aufgabe zu, von neuem und intensiver als bisher über den Kosmos im ganzen und die Stellung des Menschen im Kosmos nachzudenken. Eine integrierende theologische Theorie über Schöpfung, Inkarnation und Eschatologie ist angesichts der ökologischen Krise unbedingt notwendig. Dabei wird sich der Theologe sowohl vor einer manichäistischen Interpretation der Welt wie auch vor einer theologisch verbrämten Fortschrittsideologie im Sinne eines kontinuierlichen Aufstieges zum Punkte Omega zu hüten haben.

Vor allem in der katholischen Soziallehre wurde traditionellerweise mit Recht immer wieder hingewiesen auf die in dialektischer Spannung zueinander stehenden Dimensionen von Personalität und Sozialität des menschlichen Daseins. Die ökologische Krise muß aber für die Theologie Anlaß genug sein, anknüpfend an gewichtige jüdisch-christliche Traditionen eine dritte fundamentale Dimension menschlichen Lebens hinzuzufügen: die *Naturalität*. Mit anderen Worten: Es muß viel deutlicher als bisher werden, daß die vorhandene Entfremdung des Menschen gegenüber sich selbst, gegenüber den Mitmenschen und gegenüber der Natur, die Karl Marx in den »Pariser Manuskripten« so klar analysiert hat, nur überwunden werden kann, wenn der Mensch ein neues Verhältnis findet zu sich selbst, zu seinen Mitmenschen und zur Natur.

Schließlich wird der Theologe angesichts der ökologischen Krise sich von neuem dem Theorie-Praxis-Problem stellen müssen.[13] Dies bedeutet zunächst, daß sich der Theologe seines eigenen gesellschaftlichen Standorts und seiner faktischen politischen Bedeutung bewußt wird. Es heißt aber auch, daß die Theologie ihre »splendid isolation« gegenüber der Praxis von Kirche und Gesellschaft abbauen muß. Dabei kann es sich weder um eine einfache Anpassung der Theorie an die Praxis noch um eine Deduktion der Theorie von der Praxis handeln noch um eine einfache Nutzanwendung der Theorie im Hinblick auf die Praxis. Die Theologie der Befreiung vor allem in Lateinamerika hat exemplarisch gezeigt, wie sehr eine gegenseitige kritische Infragestellung und ein gegenseitiges Hören aufeinander von gesellschaftlicher und gemeindlicher Praxis einerseits und von theoretischer Reflexion über die Praxis andererseits in der Theologie bereichernd sein kann.[14]

Einige Konsequenzen für die christlichen Kirchen

Die ökologische Krise hat ihren Grund zum Teil darin, daß die verschiedenen Wissenschaftler, Politiker, ökonomischen Interessenvertreter und Experten immer nur eine ganz bestimmte Dimension unseres Oikos Welt im Blick haben und daran interessiert sind. Demgegenüber kommt es einer Institution wie der Kirche zu, *parteilich zu sein für das Ganze*, für das ganze Haus Welt, in dem wir leben. Die Kirche verfügt über ein kritisches Potential gegenüber den Herrschaftsinteressen und der Herrschaft technischer, politischer und ökonomischer Experten. Denn der jeweilige Fachmann sieht heute eben meist nicht mehr das Ganze, sondern hat partikuläre Interessen. Demgegenüber zeigt der relative Erfolg von Bürgerinitiativen, wie sich auch Laien kompetent machen und dadurch eine dem Experten gegenüber umfassendere Kompetenz gewinnen können, wenn sie die umfassenden Perspektiven eines Problems im Auge haben. Eine hochindustrialisierte Gesellschaft wie die unsere ist auf vernunftsorientierten Interessenausgleich und auf Verzicht aus Einsicht angewiesen, weil harte Brüche in der Entwicklung zu hohen, ja unmenschlichen Kosten führen. Notwendig ist also nicht nur politischer Kampf um die beste Lösung, sondern ebensosehr Diskussion, Wissensvermittlung und Meinungsbildung, die zu einem gerechten Interessenausgleich führen können.

Bei dieser Parteilichkeit für das Ganze ist die Kirche zugleich bei ihrer eigenen Sache. Denn die Religion präsentiert das Ganze als ein offenes Ganzes. Religion erinnert daran, daß der letzte Horizont des Ganzen dem Menschen unverfügbar bleibt.

Zu dieser Parteilichkeit für das Ganze muß die *Parteilichkeit für die Armen* hinzutreten. Zwar sind viele der ökologischen Probleme den Bürgern der reichen Industrienationen unmittelbar erfahrbar. So erfährt er es auch als unmittelbares eigenes Interesse, die Umweltbelastung einzuschränken, und er ist in einem gewissen Rahmen auch bereit, dafür Verzicht zu leisten und Kosten aufzubringen. Die Realität weltweiter Armut dagegen, die Tatsache, daß in der Geschichte noch nie so viele Menschen im Bereich des absoluten Existenzminimums dahinvegetierten wie heute, ist für uns weniger unmittelbar erkennbar. Verzicht von Lebensmöglichkeiten zugunsten der Armen, der mehr wäre als Almosen, ist deshalb als im eigenen Interesse liegend erfahrbar zu machen.

In dieser Situation muß die Kirche in der Nachfolge des Jesus von Nazaret zum Lobbyisten, zur *Interessenvertreterin der Armen* werden. Sie muß den Sprach- und Machtlosen der »Dritten Welt« ihre Stimme leihen. Der Verzicht zugunsten unserer natürlichen Lebensqualität und der Verzicht zugunsten des Überlebens anderer stehen nicht unmittelbar in harmonischem Einklang. Weder dürfen wir unsere Verschmutzungsindustrien in Länder der »Dritten Welt« exportieren, noch dürfen wir den Ländern der »Dritten Welt« die Chance ökonomischer Gleichberechtigung im Sinne ihrer Ausstattung mit einer nationalen industriellen Basisproduktion verweigern, noch dürfen wir in unseren Ländern angesiedelten Konzernen länger erlauben, unzumutbare ökologische Katastrophen in Ländern der »Dritten Welt« anzurichten. Die Kirchen haben darüber hinaus sich auch dafür einzusetzen, daß bei den notwendigen Umverteilungsprozessen hier bei uns nicht die Armen im eigenen Lande und die kommenden Generationen noch mehr unter die Räder kommen als bisher.

Indem die Kirche parteilich sich engagiert für die Armen, ist die Kirche bei der Sache des Evangeliums als einer befreienden Botschaft der Gerechtigkeit. In Erinnerung an die Parteinahme Jesu für die Armen, Kranken und Schwachen seiner Zeit müssen die Kirchen der reichen Länder das Interesse der Armen unserer Welt auch bei den Lösungsvorschlägen für die ökologische Krise vertreten.

Dabei sind die beiden christlichen Kirchen nicht die einzigen, aber doch wichtige Agenturen im Rahmen eines *öffentlichen Lernprozesses*, dem im Zusammenhang mit der ökologischen

Krise eine fundamentale Bedeutung zukommt. Wenn nicht ein Bewußtseinswandel in der Öffentlichkeit eintritt, ist eine Bewältigung dieser Krise nicht möglich. Die Kirchen haben in der Vergangenheit gezeigt, daß sie fähig sind, solche öffentlichen gesellschaftlichen Lernprozesse mit zu beeinflussen. Ich erinnere an die schließlich erfolgte Akzeptanz der Anerkennung der Oder-Neiße-Linie durch die Bundesrepublik Deutschland und auch die mehrheitliche Akzeptanz der Ostpolitik als Ausdruck der Schuld unseres Volkes und als Zeichen der Versöhnung. Analog muß es auch im Zusammenhang der ökologischen Krise möglich sein, daß die Kirchen noch mehr als bisher zum Agenten eines öffentlichen Lernprozesses werden.

In diesem Zusammenhang müßten sich die Kirchen – analog zu den christlichen Gemeinden – auch bewußt und noch mehr als bisher verstehen als ein *Diskussionsforum* für die unterschiedlichen Standpunkte und Interessen. Die bestehenden kirchlichen Institutionen wie Akademien, Erwachsenenbildung, Kirchentage und andere können dazu einen wichtigen Beitrag leisten.

Vielen Menschen ist allmählich klargeworden, daß das kapitalistische Wirtschaftssystem, das fundamental auf Gewinnmaximierung, Wirtschaftswachstum und Leistungszuwachs orientiert ist, die ökologische Krise nicht lösen kann, ja ein Hindernis auf dem Wege zu einer Lösung darstellt. Die katholische Soziallehre hat traditionellerweise dieses kapitalistische System immer kritisiert. Beispielhaft sei an die Aussagen von Papst Paul VI. in seiner Enzyklika »Populorum progressio« verwiesen. Die Dritte Generalversammlung des lateinamerikanischen Episkopats in Puebla (1979) steht in dieser Tradition, wenn in dem Schlußdokument festgestellt wird: »Die freie Marktwirtschaft in ihrer reinsten Ausprägung, die immer noch als Wirtschaftssystem auf unserem Kontinent gilt und durch gewisse liberale Ideologien legitimiert wird, hat den Abstand zwischen Reichen und Armen vergrößert, weil sie das Kapital vor die Arbeit setzt, wirtschaftliche Interessen vor soziale Belange. Minderheitsgruppen, zuweilen mit ausländischen Interessen verbündet, haben die Möglichkeiten ausgenutzt, die ihnen diese alten Formen des freien Marktes bieten, um ihren Vorteil auf Kosten der Interessen des größeren Teils der Bevölkerung zu sichern.« In ähnlichem Sinne haben sich auch die Schweizer[15], die Kanadischen[16] und die Nordamerikanischen Bischöfe[17] geäußert.

Die Kirche könnte durch ihre Kritik an dem kapitalistischen Wirtschaftssystem eine Kraft werden, die hilft, zumindest die schlimmsten Auswüchse unseres bestehenden Wirtschaftssystems zu überwinden und damit die ökologische Krise einer Lösung zuzuführen.

Wenn diese ökologische Krise aber endgültig überwunden werden soll, ist dafür unbedingt Voraussetzung, daß die Mitglieder der Gesellschaft, ob Christen oder Nichtchristen, ob Theisten oder Atheisten, einen *neuen gesellschaftlichen Grundkonsens* finden, der auf Humanität, Gerechtigkeit für alle, Verantwortung für die kommenden Generationen, auf der Achtung vor jeglichem Leben und der gesamten Natur aufbaut. Die Kirchen haben bei dieser Konsensfindung eine wichtige Rolle zu spielen, nicht als Lehrmeisterin der Menschen, sondern als eine moralische Kraft unter anderen, die bereit ist, mit allen Menschen guten Willens zusammenzuarbeiten.

Schluß

Die ökologische Krise und die ökologische Katastrophe sind nicht Schicksal. Sie sind von Menschen verursacht und können auch von Menschen überwunden werden. Die Christen sind aufgerufen, in Erinnerung an wichtige jüdische und christliche Traditionen an der Überwindung dieser Krise mitzuarbeiten, solange es noch Zeit ist. Die ökologische Weltuhr steht auf drei Minuten vor zwölf.

Anmerkungen

1 Stuttgarter Hefte 8/1 (1980) 107f.
2 Vgl. vor allem D. Meadows (1972); Global 2000 ([5]1981); Das Überleben sichern (1980); Michelsen (1984).
3 Amery (1972) 122.
4 Drewermann ([3]1983) 7.

5 N. Lohfink, Die Priesterschrift und die Grenzen des Wachstums. In: Stimmen der Zeit 99 (1974) 435–450.
6 Verlautbarungen des Apostolischen Stuhls 5, Bonn 1979, 48–67, hier 63.
7 Stimmen der Weltkirche 8, Bonn 1979, 193.
8 Steck (1978) 33.
9 Drewermann ([3]1983) 65.
10 H. Kunst – H. Tenhumberg (Hg.), Soziale Gerechtigkeit und internationale Wirtschaftsordnung (München 1976) 1–28, hier 25.
11 Vgl. dazu N. Greinacher, Praxis des politischen Engagements der christlichen Gemeinde. In: Concilium 9 (1973) 268–276.
12 Die deutschen Bischöfe 28, Bonn 1980, 6.
13 Vgl. dazu vor allem H. Peukert, Wissenschaftstheorie – Handlungstheorie – Fundamentale Theologie (Düsseldorf 1976); N. Mette, Theorie der Praxis (Düsseldorf 1978); P. Neuenzeit – N. Greinacher – P. Lengsfeld, Die Funktion der Theologie in Kirche und Gesellschaft (München 1969); N. Greinacher, Das Theorie-Praxis-Problem in der Praktischen Theologie. In: F. Klostermann – R. Zerfass (Hg.), Praktische Theologie heute (München 1974) 103–118.
14 Vgl. C. Boff, Theologie und Praxis (München 1983).
15 Hirtenbrief der Schweizer Bischöfe »Energie und Lebensstil« vom 16./17.9.1978.
16 Ethical Reflections on the Economic Crisis. Episcopal Comission for social affaires, Canadian Conferences of catholics Bishops, January 1983. Vgl. G. Baum-B. Cameron, Ethics and Economics, Toronto 1984.
17 Vgl. »Die Armen müssen Maßstab sein«. Der Hirtenbrief der Katholischen Bischofskonferenz der USA (1. Fassung), Publik Forum, Frankfurt o. J. (1984).

Der behinderte Mensch als Herausforderung für die Christen

A) Der geistig behinderte Mensch aus theologisch-ethischer Sicht

1. Anthropologische Perspektiven auf der Grundlage jüdisch-christlicher Traditionen

Jeder Mensch, auch der Behinderte, ist ein Ebenbild Gottes

Im ersten Buch Mose heißt es: »Gott schuf den Menschen nach seinem Bilde, nach dem Bilde Gottes schuf er ihn; als Mann und Frau schuf er sie« (1,27). Was immer dies im einzelnen bedeuten mag, sicher ist, daß der Mensch – und das heißt: jeder Mensch – etwas widerspiegelt von der Größe und Erhabenheit der absoluten Wirklichkeit, welche die jüdisch-christlichen Traditionen »Gott« nennen. Diese Ebenbildlichkeit des Menschen ist eine nie auszulöschende Fundamentalaussage des Alten und Neuen Testamentes, zu vergessen nur unter Aufgabe von Humanität. Es ist dies nicht die einzige Aussage über den Menschen, wie wir gleich sehen werden, aber doch das Fundament jeglicher christlichen Anthropologie. Und diese Aussage gilt natürlich auch für jeden behinderten Menschen. Es war nicht zuletzt diese Ebenbildlichkeit des Menschen mit Gott, die Christinnen und Christen im Verlauf der letzten zweitausend Jahre immer wieder bewogen hat, behinderten Menschen zu helfen.

In den Schriften des Alten und Neuen Testamentes wird der Mensch als ganzheitliche Wirklichkeit gesehen

Die jüdisch-christlichen Traditionen sehen den Menschen als Einheit von Leib und Seele. Sie vermitteln das Bild eines Menschen, der nicht nur rational erkennt, sondern auch »sentimental« ist, das heißt, der durch Rationalität und Affektivität bestimmt ist; der durch Sozialität und Individualität gekennzeichnet ist. Es ist eine verhängnisvolle Verkürzung, wenn in der hellenistischen, abendländischen und neuzeitlichen Anthropologie der Mensch nur als »animal rationale« gesehen wird. Damit wird der geistig behinderte Mensch konsequenterweise zum Außenseiter der Gesellschaft gemacht. Eine christlich motivierte Anthropologie wird sich gegen eine Dichotomie von geistig behinderten und geistig nicht behinderten Menschen wenden zugunsten einer komplexeren Sicht des Menschen, die auf vielfache Weise integrierend wirken kann. Eine solche christliche Anthropologie wird sich auch wenden gegen eine neuzeitliche »Willens- und Verstandeskultur« (C. F. von Weizsäcker), die alles, was nicht erfolgreich und vernünftig ist, ablehnt. Verstand und Willen konzentrieren sich auf ökonomische Leistungsfähigkeit, auf Akkumulation von Macht und Sicherung von Herrschaft. Der geistig behinderte Mensch in seiner betonten Affektivität und körperlichen Expressivität erinnert an die Krise dieses neuzeitlichen Menschenbildes. Er gibt der christlichen Theologie Anlaß, die affektive Seite des christlichen Glaubens neu zu bedenken und die Einheit von Leib und Seele ernst zu nehmen.

Aus biblischer Sicht kommt dem Menschen die Verantwortung für die ganze Schöpfung zu

Der Mensch, der Ebenbild Gottes ist, wird in der Bibel aufgerufen, über den gesamten Kosmos zu herrschen und sich die Welt untertan zu machen (Gen 1,28). Es war sicher eine jahrhundertealte Versuchung, diesen Auftrag in dem Sinne mißzuverstehen, daß der Mensch das Recht habe, die leblose Natur, die Pflanzen- und Tierwelt und auch Menschen anderer Rassen und Völker auszubeuten, ja zu vernichten um seines eigenen Wohlergehens willen. Die Konsequenzen einer solchen Einstellung, die von der jüdisch-christlichen Tradition mitbeeinflußt wurde, sind heute offenkundig. Es wurde vergessen, daß gerade auch im Alten Testament dieser »Herrschaftsauftrag« immer auch verstanden wurde im Sinne der Verantwortung für die ganze Schöpfung, im Sinne eines »Hegens und Pflegens«.

Wichtig ist nun, daß der Mensch in dieser Sicht nicht bestimmte Bereiche oder bestimmte Gruppen von Menschen ausschließen kann. Er ist für alles und alle verantwortlich. Der Mensch ist in seiner Sozialität und in seiner ökologischen Eingebundenheit verantwortlich für alle leblose und lebendige Wirklichkeit. So gehört der behinderte Mensch voll und ganz zu seinem Verantwortungsbereich, und ich darf mich ihrer nicht entledigen, ich darf sie nicht ertränken oder in der Wüste aussetzen, wie dies zum Beispiel Aristoteles und Platon gefordert haben.

Die biblischen Schriften, vor allem das Neue Testament, zeigen uns auf, daß Gott ein unwiderrufliches Ja zu jedem einzelnen Menschen gesprochen hat

Schon die alttestamentlichen Traditionen wissen darum, daß Gott jeden Menschen beim Namen kennt, daß Gott für jeden Menschen sorgt, »damit sein Fuß nicht stoße an einen Stein« (Ps 9,12). Diese Zunahme des spezifischen Gewichtes des Menschen schon im Alten Testament wird noch intensiviert durch die neutestamentliche Botschaft. Die Kirche bekennt von Jesus Christus, daß er für uns Menschen und um unseres Heiles willen vom Himmel herabgestiegen ist. In Jesus Christus hat Gott, wie Karl Rahner immer wieder ausführt, sein unüberbietbares und unwiderrufliches Ja zu jedem einzelnen Menschen gesagt. An dieser grundlegenden Aussage kann auch keine Schuld des Menschen mehr etwas verändern. »Wenn eure Sünden sind wie Scharlach, sie werden weiß werden wie der Schnee« (Jes 1,18).

Aus der Würde des Menschen ergeben sich grundlegende Menschenrechte für jeden Menschen

Zwar war es sicher so, daß die Menschenrechte sich in der Neuzeit theoretisch, politisch und praktisch gegen den erbitterten Kampf der christlichen Kirchen bruchstückhaft durchgesetzt haben. Und es waren sicher auch nicht nur biblische Quellen, welche Theorie und Praxis der Menschenrechte beeinflußt haben. Daß aber die Aussagen des jüdisch-christlichen Menschenbildes die neuzeitliche Freiheitsgeschichte im ganzen und gerade auch die theoretische Grundlegung und die praktische Verwirklichung der Menschenrechte maßgeblich bestimmt haben, steht für mich außer Frage. Dabei gilt natürlich, daß die Menschenrechte unteilbar sind. Wer die Menschenrechte einer bestimmten Gruppe – etwa den Behinderten – in Theorie und Praxis vorenthält, gibt die Menschenrechte selbst auf. Man kann sie nicht für sich selbst in Anspruch nehmen und sie anderen Menschen verweigern.

Die Behinderten erinnern uns an die »bodenlose Ambivalenz« menschlichen Daseins

Das biblische Menschenbild ist von einer fundamentalen Dialektik bestimmt. Auf der einen Seite heißt es zum Beispiel im Psalm 8,5–7: »Was ist doch der Mensch, daß du seiner gedenkst? Und des Menschen Kind, daß du dich seiner annimmst? Du machtest ihn wenig geringer als Engel, mit Ehre und Hoheit kröntest du ihn. Du setzest ihn zum Herrscher über das Werk deiner Hände, alles hast du ihm unter die Füße gelegt.«

Auf der anderen Seite aber heißt es in dem Buche Hiob 10,1 f.: »Meiner Seele ekelt ob meines Lebens, ich will meiner Klage wider ihn freien Lauf lassen, will reden in der Bitternis meiner Seele, will sprechen zu Gott: Verdamme mich nicht, laß mich wissen, warum du wider mich haderst.«

Entgegen einem griechischen Ideal des guten und schönen Menschen gehen die biblischen Traditionen von der Wirklichkeit des Menschen aus, die Christoph Meckel in seiner Erzählung »Licht« die »bodenlose Ambivalenz« des Menschen genannt hat. Einem Menschenbild gegenüber, das vom Ideal von Gesundheit, Potenz, Sicherheit, Leistung und Schönheit ausgeht, das von der »Protzerei von Vitalität« (Albert Görres) geprägt ist, erinnert der Behinderte uns daran, daß Krankheit und Behinderung, daß Menschlichkeiten und Begrenztheiten, daß Bedingtheit und Leid zur »condition humaine« dazugehören.

Der behinderte Mensch erinnert uns augenfällig an den realen Zustand der von Gott zwar als gut intendierten Weltschöpfung, die aber bis zum Ende der Geschichte nicht perfekte, unheile, ja heillose Welt ist. Der Behinderte ist ein Realsymbol für den menschlichen Mensch, das heißt für den nicht vollkommenen, bedingten, begrenzten, sagen wir es ruhig: für den behinderten Menschen schlechthin. Die christliche Tradition hat diesen grundlegenden Aspekt menschlichen Daseins interpretiert mit dem Theologumenon der Erbsünde, das heißt, sie hat klargemacht, daß der Mensch unabhängig von seinem Tun und Lassen in eine bestimmte Situation hineingeboren wird, die von Bedingtheit und Begrenztheit und damit auch von Schuld geprägt ist.

Menschliches Leben ist Leben zum Tode hin

Wir sind heute nicht nur geneigt, das Sterben von Menschen und unser eigenes Sterben zu verdrängen, sondern die Wirklichkeit des Todes überhaupt, das heißt die Tatsache, daß – nach Martin Heidegger – menschliches Leben Sein zum Tode ist. Von allem Anfang an bestimmt das Ende unser Leben.

Das Leben des Behinderten ist deshalb nicht nur ein Realsymbol für das Behindertsein menschlichen Lebens überhaupt, sondern es ist vor allem auch Realsymbol für die Entfremdung des Menschen schlechthin, die in diesem Leben nie aufgehoben werden wird, für den Tod. Es ist gut, und es ist menschlich, wenn wir uns durch Behinderte an diese Grundentfremdung unserer eigenen Existenz erinnern lassen.

2. Spezifische jesuanische Perspektiven im Hinblick auf den behinderten Menschen

Die nachfolgenden Aussagen sollen nicht exklusiv verstanden werden in dem Sinne, als würden wir sie nur bei Jesus von Nazaret finden, wohl aber so, daß sie mit besonderem Nachdruck im Reden und Verhalten Jesu enthalten sind.

Jesus trennt zwischen Krankheit und Schuld

Während in vielen archaischen und sogenannten primitiven Gesellschaften wie auch im Alten Testament Krankheit fast immer in unmittelbarer Ursächlichkeit zur individuellen Schuld gesehen wurde, nimmt Jesus hier einen Trennungsstrich vor. Auf die Frage seiner Jünger angesichts eines Blindgeborenen, ob dieser selbst oder seine Eltern gesündigt hätten, antwortet Jesus: »Weder dieser hat gesündigt noch seine Eltern, sondern die Werke Gottes sollten an ihm offenbar werden« (Jo 9,1–41).

Diese Sicht stellt auf dem Hintergrund des zeitgenössischen Denkens Jesu eine radikale Wende dar: Nicht mehr der einzelne Kranke ist schuld, auch nicht seine Eltern, sondern es gibt andere, viel umfassendere Ursachen dafür. Diese Sicht bedeutet eine entscheidende Humanisierung im Umgang mit den Kranken und Behinderten. Redlicherweise werden wir sagen müssen, daß diese Sicht noch nicht überall verinnerlicht wurde, vielleicht noch nicht einmal bei jedem von uns selbst, wenn wir uns selbstkritisch befragen. Wie Albert Görres zu Recht feststellt, gibt es nicht nur eine Scheinheiligkeit, sondern auch eine »Scheinbosheit«: Nur allzu oft wird Menschen Armut oder Krankheit oder Behindertsein als persönliche Bosheit ausgelegt.

Im Mittelpunkt der Krankenheilung Jesu steht die Selbstinitiative des Menschen

Jesus behandelt die Kranken nicht wie die naturwissenschaftlich-objektivierende Diagnose. Indem Jesus vielmehr die Befreiung der Behinderten anzielt, wird die Freiheit und Verantwortung des Betroffenen, biblisch gesprochen: sein Glaube vorausgesetzt (vgl. zum Beispiel Mk 10,46–52). Jesus macht nichts ohne die Betroffenen. Er nimmt keine magischen Heilungen vor, sondern ruft die Menschen an, denen er hilft. Ohne die Selbstinitiative des Betroffenen ist keine Heilung möglich. Sie kann nur im Kontext des Glaubens geschehen.

Die Parteilichkeit für die Armen ist grundlegend für Reden und Verhalten Jesu

Wenn im Alten und Neuen Testament von Armen gesprochen wird, ist dieser Begriff viel weiter gefaßt als in unserer heutigen Umgangssprache. Arm sind alle Verachteten und Ausgeschlossenen, alle Hungernden und Kranken, alle Behinderten und Ausgebeuteten. Es ist kein Zweifel daran, daß Jesus sich vor allem diesen Menschen zugewandt hat und sich mit ihnen solidarisiert hat. Zwar steht Jesus hier in Traditionen des Alten Testamentes, das einen Gott bezeugt, der sich das Schicksal der »Witwen und Waisen« (als der vor allem Rechtlosen) zu eigen gemacht hat. Jesus aber radikalisiert diese Parteilichkeit für die Armen, indem er sich in »Sympathie«, das heißt im Mitleiden diesen Menschen zuwendet und in »Empathie«, das heißt im Mithineinfühlen mit diesen Menschen lebt und handelt.

Wer einen Armen verachtet, lästert Gott

Diese »vorbehaltlose Option für die Armen« (Lateinamerikanische Bischofskonferenz von Puebla 1979) wird schon im Alten Testament, vor allem in der prophetischen Tradition zugespitzt dadurch, daß Gott sich mit dem Schicksal der Armen identifiziert. Bei Jes 58 zum Beispiel verzichtet Gott auf das Fasten und Opfer, also auf den Kult, wenn er nicht gepaart ist mit dem »Entfernen des Joches aus deiner Mitte« und mit dem Darreichen des Brotes für den Hungrigen.

Diese Sicht wird durch Jesus noch einmal radikalisiert. Wer den armen und behinderten Menschen verachtet, verachtet Gott. »Denn wer seinen Bruder nicht liebt, den er vom Angesichte kennt, kann Gott nicht lieben, den er vom Angesichte nicht kennt« (1 Jo 4,20). Und in der Gerichtsrede (Mt 25) identifiziert sich Jesus radikal mit den Notleidenden. »Was ihr dem Geringsten meiner Brüder getan habt, das habt ihr mir getan.«

3. Perspektiven im Hinblick auf die Situation des behinderten Menschen in der Gesellschaft

Einstellung und Verhalten einer Gesellschaft im Hinblick auf den Behinderten ist der entscheidende Test für die Humanität dieser Gesellschaft

Einem gesunden und schönen Menschen mit Achtung und Sympathie zu begegnen ist relativ einfach. Die Entscheidung darüber, ob eine bestimmte Gesellschaft wirklich menschlich ist, fällt in der Einstellung und dem Verhalten dem Behinderten gegenüber. Den behinderten Menschen als ein vollwertiges Mitglied der menschlichen Gesellschaft zu akzeptieren, ihn unter Aufbringung gesellschaftlicher Kosten zu versorgen und zu fördern, stellt eine bewußte sittliche Entscheidung einer Gesellschaft dar im Blick auf ihr humanes Selbstbild. Albert Görres gebraucht in diesem Zusammenhang das eindrucksvolle Bild von der Waage. Er führt aus, daß das Leben jedes einzelnen, das Leben von Familie wie auch das Leben der Gesellschaft auf die Waage gestellt und gemessen wird an der Begegnung mit den behinderten Menschen.

Am Verhalten gegenüber den Behinderten lassen sich die Wertprioritäten einer Gesellschaft ablesen

Die hochindustrialisierten, reichen Gesellschaften stehen vor der Frage nach ihren Werten, nach den Zwecken ihrer vor allem technischen Mittel. Es handelt sich um die Frage, ob es vernünftig ist, alles zu tun, was der Mensch technisch, medizinisch, biologisch oder in anderer Hinsicht kann. Wo die Naturwissenschaften und die naturwissenschaftlich orientierte Medizin die Zwecke ihrer Mittel nicht aus sich selbst herleiten können, ist es eine dringende Frage an die Gesellschaft, wie sie ihre Wertorientierung unter den Bedingungen des gesellschaftlichen Pluralismus vermitteln kann. In diesem Zusammenhang wird sich natürlich sofort auch die Frage stellen, welchen Stellenwert in der Prioritätenskala die Behinderten einnehmen, genauer gesagt, welche gesellschaftlichen Kosten die Gesellschaft bereit ist, für die Behinderten aufzubringen.

Die Gesellschaft braucht den Behinderten

Offenkundig braucht der Behinderte die Gesellschaft. Aber die Gesellschaft braucht auch den Behinderten (C. F. von Weizsäkker). Der behinderte Mensch erinnert die Menschen immer wieder daran, daß nicht alles machbar ist, daß bestimmte Formen der Entfremdung den Menschen immer begleiten werden. Der Behinderte erinnert uns daran, daß wir alle in irgendeiner Weise Behinderte sind. Hätten wir schon früher auf die existenzielle Aussage der Behinderten gehört, vielleicht wäre uns manche Fortschrittseuphorie und optimistisches Vertrauen auf die Ergebnisse und Konsequenzen der technologischen Errungenschaften erspart geblieben. Albert Görres spricht davon, daß der Gesunde dem Behinderten dankbar sein soll, dankbar dafür, daß er uns daran erinnert, daß Schmerz, Leid und Behinderung uns allen zugedacht und zugeordnet sind und daß ihre Bewältigung eines Tages zu unser aller Schicksal gehört.

Der Behinderte erinnert uns daran, daß es menschliches Leben auch ohne Leistung gibt

Im »Zwischenbericht der CDU-Grundsatzkommission« vom Oktober 1972 heißt es: »Die Anforderung eigener Leistung ist für den Menschen die wichtigste Quelle seiner Kraft. Sie ist für ihn unentbehrlich zur Antwort auf die Frage nach dem Sinn seines Daseins ... Wer das Leistungsprinzip als solches bekämpft, handelt unmenschlich und verhindert Selbstverwirklichung ... Solidarität beruht auf der Leistung des Menschen und gibt ihr den sozialen Sinn.«

Es sei sofort hinzugefügt, daß dieser Text so nicht verabschiedet wurde. Es geht auch nicht um eine billige Polemik gegen die CDU. Was hier geschrieben wurde – übrigens unter dem Vorsitz von Richard von Weizsäcker – ist vielmehr symptomatisch für unsere Gesellschaft. Ohne Leistung keine Solidarität, ja kein menschliches Dasein. Deshalb wird der Grad der Behinderung ja auch gemessen an dem Grad der Erwerbstätigkeit. Deshalb wird der Behinderte verdrängt, weil er wenig oder nichts leistet.

Demgegenüber erinnert uns ein akzeptierter Behinderter, daß menschliches Dasein nicht identisch ist mit Leistung, schon gar nicht mit Leistung im ökonomischen Produktionsprozeß. Der Mensch kann es sich zumindest auch mal leisten, nichts zu leisten. Es gibt wichtigere Werte, welche das menschliche Dasein bestimmen, als Leistung.

Carl Friedrich von Weizsäcker schreibt in seinem Buch »Der Garten des Menschlichen« zu Recht: »Die Eingliederung des Behinderten in unsere Gesellschaft hat ihre größte Schwierigkeit in unseren abstrakten Leistungsbegriffen. Die Konkurrenzgesellschaft erzwingt von ihren Gliedern maximale meßbare Leistung. Diese Leistung soll mit Apparaten und unter Bedingungen erbracht werden, die der Norm der durchschnittlich Unbehinderten angepaßt sind. In diese ihrem Wesen nach rücksichtslosen Bedingungen ist die Leistung des Behinderten nur schwer einzuordnen. Aber der Behinderte ist nicht ihr einziges Opfer, jeder Mensch, dessen Lebensbedingungen oder Anlagen dieser Norm nicht entsprechen, leidet in ihr. Man denke an die Lebensprobleme berufstätiger verheirateter Frauen, an den Darwinschen Selektionsprozeß unseres Erziehungswesens. Hier gilt zweierlei: Das eine machen sich zum Glück viele Menschen nachgerade klar: Diese ständige Verletzung des Menschen durch die von ihm geschaffenen Techniken ist unmenschlich. Das System der Gesellschaft soll so geändert werden, daß in ihm für den Schwächeren, den Sensibleren der Raum für die gerade ihm mögliche Leistung ist. Das andere sehen wir vielleicht noch nicht deutlich genug: Diese Verletzung des Menschen durch seine Techniken ist untechnisch. Technik soll dem Menschen dienen. Sie zum Herrn, zum Zielkriterium zu machen, ist schlicht unreife Technik.«[1]

Die bleibende Theodizee-Frage

So sehr uns die jüdisch-christlichen Traditionen helfen können, Einsichten zu gewinnen über uns Menschen, über unser Leben, über unser Woher und Wohin, so sehr meiner Überzeugung nach das spezifische Gewicht des Menschen zunimmt in den Perspektiven des Alten und Neuen Testamentes, so soll doch nicht verschwiegen werden, daß gerade der behinderte Mensch, zum Beispiel als auto-aggressiver Mensch, uns radikal mit der alten, bleibenden Theodizee-Frage konfrontiert. Mir wenigstens erging es so, als ich vor kurzer Zeit einen ganzen Tag lang mit acht Schwerbehinderten, davon zwei autoaggressiven, zusammenlebte, daß sich mir noch unmittelbarer und bedrängender die Frage stellte: Wo bleibt die Gerechtigkeit und Liebe Gottes?

Und es ist für mich als Theologen zwar ehrlich, aber beschämend, wenn ich gestehen muß: Ich weiß keine Antwort. Alle die in der Geschichte gegebenen und heute vorgebrachten Antworten auf diese Frage befriedigen mich nicht. Ich tröste mich etwas mit der Tatsache, daß auch Jesus von Nazaret – zumindest nach der Tradition des Matthäus – einen Psalm nachsprechend mit den Worten starb: »Mein Gott, mein Gott, warum hast du mich verlassen?« Vielleicht ist die durchaus biblische Anklage Gottes doch eine Antwort auf Hiroschima, auf Auschwitz und auf die beiden Autoaggressiven Dieter und Jochen, die ich lieben gelernt habe.

B) Das Engagement der Kirche im Dienst an behinderten Menschen

1. Aufs Ganze gesehen haben die Kirchen in ihrer Geschichte den Dienst am behinderten Menschen sehr ernst genommen

Christen wie Nichtchristen lesen die Geschichte der christlichen Kirchen heute mit sehr kritischen Augen. Mir scheint, daß die christlichen Kirchen sich ihres Umgangs mit den Behinderten aufs Ganze gesehen nicht zu schämen brauchen. Sicher wird man aus heutiger Sicht im einzelnen viel Kritik anbringen: im Hinblick auf eine bestimmte Versorgungsmentalität, auf die faktische Entmündigung der Behinderten, auf die Gettoisierung usw. Dennoch bleibt wahr: Die christlichen Kirchen haben es sehr ernst genommen mit ihrer Sorge um die Behinderten. Sie waren oft die einzige Institution, welche den Behinderten Asyl gewährte: im umfassenden Sinne. Der Staat und die Gesellschaft waren oft nur allzu gern bereit, die »schmutzige Caritas«

den Kirchen oder kirchlichen Institutionen zu überlassen. Die Kirchen haben vor allem im 19. Jahrhundert für die damalige Zeit exemplarische Institutionen für Behinderte geschaffen. Gegen das Euthanasieprogramm haben sich vor allem die christlichen Kirchen gewandt. Die Christen und die christlichen Kirchen brauchen sich ihrer Vergangenheit in dieser Hinsicht nicht zu schämen.

2. Kirchliche Diakonie am behinderten Menschen muß in einer Doppelstrategie die Orientierung am gesellschaftlich real Möglichen mit einer radikalen Gesellschaftskritik aufgrund der prophetischen Praxis Jesu verbinden

Die Christen und die Kirchen können nicht darauf warten, bis eine radikale Reform oder gar eine Revolution der gesellschaftlichen Verhältnisse im Hinblick auf die Befriedigung der Bedürfnisse der Behinderten eingetreten ist. Zu viele Behinderte wären bis dahin in ihren Leiden und an ihren Leiden gestorben. Die Christen stehen unter dem Gebot, jetzt möglichst wirksam zu helfen, selbst auf die Gefahr hin, dadurch in mancherlei Hinsicht die ungerechten gesellschaftlichen Strukturen zu perpetuieren. Der Christ muß die augenblicklichen Leiden der Menschen so ernst nehmen, daß er sie nicht – vor allem nicht über den Kopf der Betroffenen hinweg – auf dem Altar einer kommenden konfliktfreien und nicht entfremdenden Gesellschaft opfert.

Auf der anderen Seite kann und darf er sich nicht mit dem ungerechten Status quo zufriedengeben – gerade der Christ nicht. Im Hinblick auf die noch ausstehende, nicht vollendete Herrschaft Gottes, wo Gott »alle Tränen abwischen wird von ihren Augen« (Offb 21,4), wird er in der prophetischen Tradition gerade auch die institutionalisierten und strukturellen Häresien dieser Gesellschaft kritisieren und sich leidenschaftlich engagieren für eine Humanisierung der Gesellschaft. Der Christ wird versuchen, diese bleibende Spannung auszuhalten zwischen der real möglichen und notwendigen Hilfe für die Behinderten und der permanenten Kritik an den gerade für die Behinderten ungerechten gesellschaftlichen Strukturen und deren Überwindung.

3. Die Christen werden so genau wie möglich zu unterscheiden haben zwischen dem Benachteiligtsein aufgrund einer Behinderung und dem Benachteiligtwerden durch die Gesellschaft

Es gibt primäre und sekundäre Behinderungen. Auf der einen Seite gibt es Behinderungen, die den Menschen ohne sein Zutun und ohne das Zutun anderer Menschen auferlegt sind. Es gibt angeborene und lebenslängliche Behinderungen, die nicht zu ändern und zu beseitigen sind. Aber es gibt auch Behinderungen, die Menschen anderen Menschen auferlegen. Es gibt vor allem auch die ungerechte Behandlung der von Natur schon behinderten Menschen, Behinderungen durch formelle und nichtformelle Gesetze dieser Gesellschaft (Jürgen Moltmann). Von diesen sekundären Behinderungen sich zu befreien ist Aufgabe der ganzen Gesellschaft und kommt den Behinderten wie den Nichtbehinderten zugute.

Freilich ist es manchmal schwierig, im Einzelfall zu entscheiden, ob es sich nun um eine primäre oder sekundäre Behinderung handelt. Das konkrete Leben tut uns oft nicht den Gefallen, mit unseren theoretischen Unterscheidungen übereinzustimmen. Dennoch ist diese Unterscheidung wichtig, und es ist notwendig, uns auch in dieser Hinsicht in der »Unterscheidung der Geister« zu üben.

4. Das Subsidiaritätsprinzip ist auch auf das Verhältnis des Behinderten zur Gesellschaft anzuwenden

Versucht man, das Subsidiaritätsprinzip auf das Verhältnis des Behinderten zur Gesellschaft anzuwenden, so hat das folgende Konsequenzen. Zunächst gilt, daß der behinderte Mensch als vollwertiges Mitglied so in die Gesellschaft öffentlich integriert und in ihr präsent sein soll, wie ihm dies möglich ist. Zum anderen aber braucht der Behinderte auch einen eigenen Lebensraum als Schonraum. Die Hilfe in diesem Schonraum soll umfassend und die Förderung adäquat sein. Den behinderten Menschen soll in dieser Spannung von Öffentlichkeit und Schonraum so viel Selbständigkeit wie möglich und so viel Hilfe wie nötig zuteil werden.

Ich bin mir bewußt, daß diese Grundsätze die Gefahr der Leerformeln in sich bergen und zur Legitimation jeglicher Hilfe mißbraucht werden können. Dennoch halte ich dafür, daß diese Grundsätze normativ wichtig sind.

5. Die Diakonie der Kirche an den behinderten Menschen muß bleibend »face-to-face«-Hilfe sein

Auf diese Art der Hilfe wird die Kirche nie verzichten können. Gerade aufgrund ihres christlichen Menschenbildes wird sie immer den konkreten einzelnen Menschen im Blickfeld haben, dem in seiner konkret existierenden Not nur mit einer spezifischen, den ganzen Menschen und seine reale Situation einbeziehenden Sorge geholfen werden kann. Gerade in unserer heutigen Situation, wo der einzelne oft durch die Maschen des öffentlich gespannten, sozialen Netzes hindurchzufallen droht und die öffentlichen sozialen Institutionen von Anonymität bedroht sind, ist diese individuelle Hilfe notwendiger denn je.

Das »pastoral counceling«, das pastorale, persönliche Beratungsgespräch, in dem der Mensch Gelegenheit hat, alle seine Nöte und Probleme zu artikulieren, er als Mensch in all seinen Dimensionen und Notlagen als gleichwertiger Partner angesprochen wird, ist im Dienste der Kirche nicht mehr wegzudenken.

6. Darüber hinaus ist auch die organisierte, institutionalisierte Nächstenliebe eine heute unbedingt notwendige Erfüllung des Gebotes der christlichen Nächstenliebe

In einer geschichtlichen Epoche, in der das menschliche Leben sich vor allem in überschaubaren Räumen abspielte, mag es richtig gewesen sein, sich im Hinblick auf die Erfüllung des Gebotes der Nächstenliebe vor allem auf die individuelle Hilfe zu beschränken. In einer geschichtlichen Zeit, die weiträumiger geworden ist, wo die Interdependenz der Menschen universalen Charakter angenommen hat, muß auch die Kirche vermehrt die Praxis der Nächstenliebe organisieren und institutionalisieren.

Ja, die Kirche muß auch in dieser Hinsicht politisch handeln. Wenn der Christ heute dem Kind in Lateinamerika oder Indien oder Afrika das dringend notwendige tägliche Brot garantieren will, muß er mit Hilfe von politischen Strukturen und Institutionen handeln. Wer kirchlich organisierte Nächstenliebe ablehnt oder diskriminiert, handelt deshalb naiv, ja sogar unmenschlich. Deshalb ist die kirchliche, diakonische Verbandsarbeit in unserer Gesellschaft unverzichtbar. Kirchliche Diakonie kann nicht allein dem einzelnen Christen oder den einzelnen kirchlichen Gemeinden überlassen bleiben, sondern muß übergemeindlich institutionalisiert sein.

7. Das augenblickliche breite kirchliche Angebot an Hilfen und Einrichtungen muß erhalten bleiben

Von den genannten Zielen und Perspektiven kirchlicher Arbeit aus betrachtet, ist es sinnvoll, daß die Kirche ein sehr breites Spektrum an Hilfen und Einrichtungen für Behinderte anbietet. Dies reicht von den vielfältigen individuellen Hilfen im Bereich der kirchlichen Gemeinde über die Institutionen zur Beratung und Unterstützung von Familien, über Sozialstationen, offene Bildungseinrichtungen und Institutionen der beruflichen Rehabilitation bis hin zu komplexen Vollzeiteinrichtungen. Unter dem Gesichtspunkt der Integration sind vor allem Vollzeiteinrichtungen als offene Institutionen zu verstehen. Zwischen dem Recht der Bewohner auf Wahrung ihres privaten Wohnbereiches und den Interessen der Öffentlichkeit an Transparenz der Einrichtung ist jeweils abzuwägen.

Obwohl die Forderung nach möglichst umfassender Integration der Behinderten in die Gesellschaft sicher richtig ist, muß doch auch klar die Gefahr erkannt werden, daß für die Bevölkerung tolerable Behinderte relativ schnell Zugang zur Öffentlichkeit finden, daß aber die Vollzeiteinrichtungen immer mehr zu »Schwerstbehindertengettos« werden. Demgegenüber ist der Gesichtspunkt der inneren Integration von Behinderten aller Art in diesen Einrichtungen mit zu bedenken.

8. Der Behinderte hat wie jeder Mensch das Recht, sich von seiner Herkunftsfamilie zu lösen

Das Recht auf Selbständigkeit muß dem behinderten Menschen auch die Möglichkeit geben, seinen familiären Bindungen zu entwachsen. Die berechtigte Intention der gesellschaftlichen Integration von Behinderten darf nicht dazu führen, daß der Behinderte auch als Erwachsener zeit seines Lebens an die Kleinfamilie seiner Eltern gebunden bleibt. Auch wird der Behinderte ja häufig seine Herkunftsfamilie überleben. Der Kirche kommt in dieser Hinsicht die Aufgabe zu, Voraussetzungen zu schaffen, daß vor allem der erwachsene Behinderte in Heimen, Wohngemeinschaften und dergleichen einen Raum findet, wo er nach seinem Maße autonom leben kann.

9. Kirchliche Einrichtungen dürfen den Behinderten nicht entmündigen, sondern müssen eine adäquate Emanzipation ermöglichen

Hilfe für Behinderte darf diese nicht entmündigen, darf sie nicht ihrer Freiheit berauben. Kirchliche Großinstitutionen für Behinderte stehen in der Gefahr, nur zu behüten und zu verwalten. Unter Rückbesinnung auf Wort und Verhalten Jesu haben diese Institutionen sich immer wieder von neuem klarzumachen, daß sie für den hilfsbedürftigen Menschen da sind und nicht umgekehrt. Sie haben die Voraussetzung zu schaffen, daß Selbstverantwortung und Mündigkeit gerade auch für Behinderte ermöglicht werden.

10. Hilfe für die Behinderten darf nicht in einer professionellen Überförderung bestehen, sondern soll ein partnerschaftliches Bemühen von Helfern und Geholfenen sein

Die Hilfe für Behinderte ist so zu gestalten, daß etwas von dem befreienden Geist Jesu spürbar wird. Es kann sich nicht um eine hochspezialisierte Überförderung und »Overprotection« handeln, sondern um ein emanzipatorisches »Sich-gemeinsam-auf-den-Weg-machen« von Helfern und Geholfenen. Behinderte dürfen nicht passiv ihrem Schicksal überlassen werden durch bloße Versorgung und Überbetreuung, sondern es geht darum, sich berühren zu lassen von den behinderten Menschen und sie nicht als Objekt in der Fürsorge, sondern als Partner zu sehen.

11. Die Kirchen haben die Aufgabe, die Interessen der Behinderten in der Öffentlichkeit wirksam zu vertreten

Die Kirchen müssen die Lobby der Behinderten sein. Sie müssen in deren Stellvertretung handeln und die Interessenvertreter der Behinderten in der Gesellschaft sein. Sie müssen versuchen, die Verteilung des gesellschaftlichen Einkommens zugunsten der Benachteiligten zu beeinflussen. Diese Rolle kann sich die Kirche vor allem im Blick auf die nahe Zukunft gar nicht deutlich und bewußt genug machen. Denn die ökonomischen und ökologischen Krisen werden zunehmen. Eine Umverteilung zugunsten der schon Privilegierten kann das ökonomische Wachstum dieser Gesellschaft nur kurzfristig ankurbeln zuungunsten der sozial Benachteiligten. Die notwendige weltwirtschaftliche Umorientierung zugunsten der Armen in den Ländern der »Dritten« und »Vierten Welt« wird auch für unsere Gesellschaft harte Konsequenzen mit sich bringen. Das bedeutet, daß die gesellschaftlichen Verteilungskämpfe härter werden. Die Kirche hat darauf zu achten, daß in diesen Auseinandersetzungen die Behinderten nicht unter die Räder kommen.

12. Die Mitarbeiterinnen und Mitarbeiter in kirchlichen Einrichtungen dürfen menschlich und religiös nicht überfordert werden

Es besteht die Gefahr, daß kirchliche Träger besonders hohes menschliches Engagement erwarten und besonders hohe Identifikationsanforderungen mit dem christlichen Glauben und der Kirche stellen. Demgegenüber ist nüchtern festzustellen, daß es sich bei einer kirchlichen Einrichtung für Behinderte um keine Elitegemeinde handelt. Vielmehr spiegelt sich in ihrer Mitarbeiterschaft das Bild der normalen kirchlichen Gemeinde wider mit Mitgliedern einer kirchlich stark distanzierten Christlichkeit bis hin zum engagierten Kerngemeindemitglied.

13. Behinderte haben ein Recht auf Religion

Behinderte sind bereit und fähig für religiöse Erfahrungen. Es wäre deshalb eine unverantwortliche Isolierung und zusätzliche Entmündigung der Behinderten, wollte man sie von dem religiösen, gemeindlichen und sakramentalen Leben der Kirche ausschließen. Durch eine intensive Teilnahme von Behinderten am gemeindlichen Leben können auch wichtige religiöse Impulse in die normalen kirchlichen Gemeinden vermittelt werden.

14. Behinderte haben ein Recht auf Sexualität

Empirische Untersuchungen machen deutlich, wie sehr Behinderte auch heute noch aus dem Bereich der Sexualität, Partnerschaft und Ehe als Möglichkeit menschlicher Selbstdarstellung ausgeklammert sind und in einer dezidiert passiven Rolle dem Anspruch auf Chancengleichheit kein Gehör verschaffen können. Vor diesem Hintergrund muß der Anspruch der Behinderten auf Sexualität, Partnerschaft und Ehe gesehen und verwirklicht werden. Dabei darf gerade bei Behinderten die Beziehung zwischen Mann und Frau nicht auf die vollendete Kopulation reduziert werden. Vielmehr ist Sexualität eine Wirklichkeit, die den Menschen in seinem gesamten Leben und Verhalten bestimmt. Sie ist eingegliedert in all die verschiedenen Formen, in denen das Leben des Menschen und seine Kontakte zur Umwelt sichtbar und fühlbar zum Ausdruck kommen. Darauf hat natürlich auch der Behinderte ein Recht.

15. Kirchliche Gemeinden ohne Behinderte sind behinderte Gemeinden

Nüchtern ist zunächst zu konstatieren, daß die Mitglieder kirchlicher Gemeinden sich in ihrer Ablehnung und Fremdheit gegenüber dem behinderten Menschen vom Durchschnitt der Bevölkerung kaum unterscheiden. Die Integration behinderter Menschen in die kirchliche Gemeinde ist ein langer Prozeß gegenseitigen Kennenlernens. Dennoch sollten die kirchlichen Gemeinden die Aufnahme Behinderter in ihre Gottesdienste und in ihre Gemeindearbeit als Chance ihres eigenen christlichen Vollzugs begreifen. Aber es sollte klar erkannt werden, daß eine solche Aufnahme unter den Bedingungen unserer gesellschaftlichen Normalität eine große Herausforderung darstellt, die nur behutsam bewältigt werden kann. Eine vorschnelle Überforderung der Gemeinde würde die Behinderten nur noch deutlicher ins Getto zurückwerfen. Welche Initiativen im einzelnen sinnvoll sind – gemeinsame Gottesdienste, Besuchsdienste, Nachbarschaftshilfe, Jugendarbeit, Freizeit usw. –, muß vor Ort entschieden werden. Die hauptamtlichen Mitarbeiterinnen und Mitarbeiter in der Gemeinde sind hier zu besonderer Sensibilität aufgefordert.

C) Schluß

Der Christ wird im Geiste des Jesus von Nazaret versuchen, sich die Sache der Behinderten zu eigen zu machen. Im Umgang mit Behinderten wird er wesentliche Dimensionen seines eigenen Menschseins erleben, erfahren und erleiden. Mit Leidenschaft wird er sich auch in der Öffentlichkeit für die Interessen der Behinderten einsetzen. Gleichzeitig wird er aber sich selbst und andere im Dienst an den Behinderten nicht überfordern, sondern sein Tun wird auch von Gelassenheit geprägt sein, weil er die endgültige Überwindung der Entfremdung des Behinderten nicht nur von seinem Tun erhofft, sondern auch auf eine andere Wirklichkeit vertraut, die seine Begrenztheit, seine Schuld und sein Versagen überschreitet, indem sie »alles neu schaffen« wird.

Anmerkung

1 Der Behinderte in unserer Gesellschaft. In: C. F. Weizsäcker, Der Garten des Menschlichen, Frankfurt, 1980, 78–85, hier 83f.

Kirche: Charisma und Macht

Mich erfüllt heute an dieser Stelle Zorn und Scham. *Zorn*, weil mein Kollege und Freund Leonardo Boff aufgrund kirchendisziplinarischer Maßnahmen diesen Vortrag* nicht selbst halten kann. *Scham*, weil ich einer Kirche angehöre, deren Kirchenleitung Herrschaft ausübt, anstatt den Menschen und der Einheit zu dienen. Ich erkläre mich solidarisch mit der Theologie, die Leonardo Boff so überzeugend vertritt, auch und gerade mit den Aussagen seines Buches »Kirche: Charisma und Macht«. Ich betrachte es als eine Auszeichnung, an seiner Stelle hier sprechen zu dürfen.

Damit sind wir beim Thema: Wie hält es die Kirche mit Macht und Herrschaft? Welche Aufgaben kommen dem Amt in der Kirche zu? Wie steht es mit der Freiheit in der Kirche?

1. *Kriterien biblischer Traditionen im Hinblick auf Charisma und Macht in der Kirche*

1.1 Der Traum vom Menschensohn bei Daniel 7

Ich beginne mit dem Traum vom Menschensohn beim Propheten Daniel im siebten Kapitel[1]. Um diesen Traum vom Menschensohn zu verstehen, müssen wir uns kurz die politische Situation in Palästina um das Jahr 167 vor Christus – der Zeit der Entstehung dieser Vision – deutlich machen. Das Land gehörte

* Auf dem Deutschen Evangelischen Kirchentag, 7. Juni 1985. Leonardo Boff war kurz zuvor von der vatikanischen Glaubenskongregation ein »Bußschweigen« auferlegt worden, das inzwischen wieder aufgehoben worden ist.

damals zum Herrschaftsgebiet der Seleukiden, die nach dem Tode Alexanders des Großen (326 v. Chr.) sein Reich aufgeteilt hatten. Die Israeliten führten einen erbitterten Glaubenskampf gegen die griechische Fremdherrschaft. Der damals regierende Antiochus IV. entweihte den Tempel, ließ die heiligen Schriften verbrennen, stellte die Befolgung des Sabbatgebotes und die Beschneidung unter Todesstrafe. Im Jahre 168 wurde auf seinen Befehl hin auf dem großen Brandopferaltar im Tempelbezirk in Jerusalem der »Greuel der Verwüstung« errichtet (Daniel 11,31). Möglicherweise bedeutet dies, daß dort dem olympischen Zeus ein Opfer dargebracht wurde. Wahrscheinlich aber ist, daß im Tempelbezirk der Kultstein eines syrischen Götzen aufgestellt wurde: Für jeden Juden eine kaum zu überbietende Gotteslästerung. Daraufhin kam es im Jahre 166 zur Revolution: Die unterdrückten Juden erhoben sich gegen die Herrschenden.

Aus dieser Zeit stammt dieser Traum vom Menschensohn: »Im ersten Jahre Belschazzars, des Königs von Babel, hatte Daniel einen Traum und Visionen, die ihm auf seinem Lager durch den Kopf gingen. Alsbald schrieb er den Traum nieder. Ich, Daniel, schaute in einem nächtlichen Gesicht, und siehe, die vier Winde warfen sich gegen das große Meer. Und vier große Lebewesen stiegen heraus aus dem Meer, verschieden eines vom andern. Das erste war wie ein Löwe, und es hatte Adlerflügel ... Und siehe, ein anderes Lebewesen, ein zweites, es war wie ein Bär. Nach einer Seite richtete es sich auf. Es hielt drei Rippen zwischen den Zähnen in seinem Maul. Und so wurde ihm zugerufen: ›Auf, friß noch viel mehr Fleisch!‹ Danach schaute ich, und siehe, ein anderes Lebewesen, wie ein Panther ... Herrschaft wurde ihm gegeben. Danach schaute ich in einem nächtlichen Gesicht, und siehe, ein viertes Lebewesen, furchterregend, schrecklich und überaus stark. Seine Zähne waren von Eisen und seine Klauen von Erz. Es fraß und zermalmte, und was blieb, zertrat es mit den Füßen.«

Hier wird ein Alptraum geschildert. Aber hinter diesem Alptraum verbirgt sich eine politische Dichtung, ja, eine politische Kampfschrift. Aus Gründen, die ich hier nicht darlegen kann, war es für die Zeitgenossen klar, daß mit dem Löwen mit Adlerflügeln das Königtum Babylon gemeint war, das seine angsterfüllende Herrschaft grausam ausübte. Mit dem Bären ist offenkundig das Reich der Perser gemeint, das machthungrig ein riesiges Imperium errichtet hatte. Mit dem Panther wird deutlich ein Hinweis auf das Reich Alexander des Großen gegeben, der in zwölf Jahren die ganze damals bekannte Welt erobert hatte.

Der Alptraum erreicht aber seinen Höhepunkt in der Schilderung des vierten Lebewesens, eine Art Maschine mit Zehen und Klauen aus Metall. Damit meint der Verfasser die gegenwärtige Regierung der Seleukiden. »Der seleukidische Staat war ein Staat von der Art einer Maschine, die, einmal in Gang gebracht, ohne Rücksicht zerstört, was sich ihm in den Weg stellt.«[2]

Aber dieser Alptraum wird abgelöst durch eine Gegenvision:

»Den übrigen Tieren wurde die Herrschaft genommen; eine Lebensdauer wurde ihnen gegeben nach Zeit und Frist begrenzt. Ich schaute in einem nächtlichen Gesichte, und siehe: Mit den Wolken des Himmels, ein Kommender, er war wie ein Menschensohn ... Und ihm wurde Vollmacht gegeben und Herrlichkeit und Regierung. Und alle Völker, Nationen und Sprachen, ihn müssen sie verehren. Seine Vollmacht ist dauernd, eine Vollmacht, die nicht vergeht, und seine Regierung wird nicht zerstört.«

Ein eindrucksvoller Traum: Ein fünftes Lebewesen kommt; etwas ganz Neues »mit den Wolken des Himmels«: der Menschensohn. Es ist damit nicht gemeint ein Sohn, der von einem Menschen abstammt, der gezeugt ist von einem Menschen, sondern der Ausdruck »Sohn des Menschen« meint den Menschen in seiner Eigenart als Mensch. Der Menschensohn ist sozusagen ein menschlicher Mensch im Gegensatz zu den unmenschlichen Herrschern, den herrschsüchtigen Raubtieren und der alles zermalmenden unmenschlichen Herrschaftsmaschine. Gemeint ist eine Art der Regierung, eine menschliche Form der Ausübung von Macht, abgesetzt von der unmenschlichen Art zu herrschen, wie sie die Israeliten aus Geschichte und Gegenwart so leidvoll erfahren hatten. Die Verantwortung und Leitung auf der Welt soll von nun an in der Weise der Menschen, auf menschenwürdige Art verwirklicht werden.

So gesehen, stellt diese Vision eine unerbittliche Kritik an der geschichtlich erfahrenen Herrschaft von Menschen über Menschen dar und entwirft gleichzeitig eine Utopie von menschlicher Ausübung von Macht durch den kommenden Menschensohn.

1.2 Jesus als der dienende Menschensohn

Jesus von Nazaret hat diesen Traum vom Menschensohn aufgenommen. Ich gehe davon aus, daß der historische Jesus den Begriff »Menschensohn« benutzt und sich in der Tradition des Traumes von Daniel 7 verstanden hat.

Eines der uns überlieferten Menschensohnworte Jesu lautet (Mk 10,42–45):

»Ihr wißt, daß die, die als Herrscher der Völker gelten, ihnen ihre Herrschaft aufzwingen, und daß ihre Großen ihre Macht über sie mißbrauchen. Nicht so aber ist es bei euch! Vielmehr, wer groß werden will unter euch, sei euer Diener. Und wer unter euch der erste sein will, sei aller Knecht. Denn auch der Menschensohn ist nicht gekommen, um sich dienen zu lassen, sondern um zu dienen und sein Leben hinzugeben als Auslösung für viele.«

Ganz im Sinne von Daniel wird hier klar und deutlich zum Ausdruck gebracht: Herrschaft von Menschen über Menschen ist unmenschlich. Es ist gegen die Würde des Menschen, daß es Herren und Knechte gibt. Herrschaft beruht auf äußerer und innerer Gewalt und ist eine Form der Gewalt. Wenn man aber Menschen mit Gewalt etwas aufzwingt – und sei es etwas Gutes –, wenn man Menschen vergewaltigt, dann werden aus Menschen Sachen gemacht, Objekte, die ich willkürlich gebrauchen, verkaufen, foltern und töten kann. Die Herrscher können die Unterdrückten benutzen, für ihre Zwecke ausbeuten. Man kann ihnen Angst einflößen und den eigenen Willen aufzwingen.

Jetzt aber, da die Zeit des Menschensohns gekommen ist, ist die Zeit der Herren abgelaufen. »Bei euch ist es nicht so!« Weder gibt es ab sofort Herren noch Knechte. Wer jetzt Herrschaft ausübt, ist ein Usurpator: Er nimmt etwas in Anspruch, was ihm nicht zusteht.

Es ist überhaupt nicht verwunderlich, wenn demjenigen, der solches sagt, der Herrschaft von Menschen über Menschen radikal in Frage stellt, von den Herrschenden ein politischer Prozeß gemacht und er zu einer politischen Strafe, zum Kreuzestod, verurteilt wurde. Dieser Tod am Kreuz war nur die logische Konsequenz dafür, daß Jesus – im Sinne des Traumes vom Menschensohn – die damaligen – und heutigen – Herrschaftsverhältnisse auf den Kopf gestellt, den Menschen aber den Weg für einen aufrechten Gang bereitet hat.

Es sei hier schon angemerkt, daß uns mit diesem Menschensohnwort Jesu ein klarer, eindeutiger und unerbittlicher Maßstab in die Hand gegeben wird, an dem jede Art von Machtausübung in der Gesellschaft, vor allem auch in der Kirche gemessen werden kann und muß.

Es wird an diesen und an anderen Stellen der Evangelien aber auch deutlich, daß es schon unter den Jüngern und in den ersten christlichen Gemeinden Bestrebungen gab, eine neue Herrschaftsordnung mit privilegierten Positionen auszubauen. Dies dürfte vor allem den Hintergrund bilden für die folgende Stelle bei Matthäus 23,8–12:

»Ihr aber sollt euch nicht Rabbi nennen lassen, denn einer ist euer Lehrer, ihr alle aber seid Brüder. Auch Vater sollt ihr niemanden unter euch nennen auf Erden; denn euer Vater ist einer, der himmlische. Auch Lehrmeister sollt ihr euch nicht nennen lassen, denn euer Lehrmeister ist einer, der Messias. Der Größte aber unter euch soll euer Diener sein. Wer sich selbst hochstellt, wird klein gemacht werden, und wer sich selbst klein macht, wird hochgestellt werden.«

Auch diese Aussagen sind eindeutig. Im Zeichen des Menschensohns kann es kein Hoch und Niedrig geben, kein Oben und Unten, keine Vormundschaft des einen über den anderen.

Erschreckend ist es, daß diese Worte schon in der frühen Kirche verurteilend zu jenen gesagt werden mußten, die sich in der christlichen Gemeinde als Rabbi, als Vater, als Lehrmeister, als Große der Gemeinden verstanden. Noch schlimmer ist es, wenn kirchliche Amtsträger es in Vergangenheit und Gegenwart nicht fertigbringen, diese Worte auf sich selbst anzuwenden. Manchmal frage ich mich, was sie sich eigentlich dabei denken, wenn sie diese Verse lesen.

1.3 Die Entäußerung im Sinne von Paulus

Paulus steht genau in dieser Tradition der Menschensohnworte Jesu, wenn er, einen schon in der Gemeindepraxis vorhandenen Hymnus aufnehmend, die Gemeinde in Philippi ermahnt (2,5–11): »Seid so gesinnt, wie es das Leben in Christus Jesus fordert: Er war wie Gott, hielt aber nicht daran fest, Gott gleich zu sein, sondern entäußerte sich (griechisch: ekenosen), wurde wie ein Sklave und den Menschen gleich. Sein Leben war das eines Menschen; er erniedrigte sich und ward gehorsam bis zum Tod, bis zum Tod am Kreuz. Darum hat Gott ihn über alles erhöht und ihm den Namen verliehen, der jeden Namen übertrifft, damit vor dem Namen Jesu alle Mächte im Himmel, auf der Erde und unter der Erde ihr Knie beugen und jede Zunge bekennt: Herr ist Jesus Christus zur Ehre Gottes, des Vaters.«

Wir wollen hier nicht untersuchen, welche Aussagen über Jesus Christus in diesem Hymnus gemacht werden. Wir wollen vielmehr – ganz im Sinne Pauli: »Seid so gesinnt wie Christus Jesus« – uns klarmachen, was dies für die Kirche bedeutet. Denn Paulus hat diese Worte ja an die Gemeinde in Philippi geschrieben. Es ergibt sich daraus eine »kenotische Ekklesiologie«, das heißt Aussagen über eine Kirche, die sich aller Herrlichkeit und Herrschaft entäußert, die sich erniedrigt und sich zum Dienst an den Menschen verpflichtet weiß.

Entäußerung der Kirche bedeutet, daß sie jene Wirklichkeit ernst nimmt, die Jesus als Gottesherrschaft verkündet hat. Das Eigentümliche an dieser Gottesherrschaft besteht nun gerade darin, daß der Mensch nicht aufs neue einer Herrschaft unterworfen wird, sondern daß sie diejenigen freimacht, die sich auf diese Gottesherrschaft einlassen. Die von Jesus verkündigte und in ihm zu uns gekommene Gottesherrschaft ist die Bedingung der Möglichkeit von menschlicher Freiheit schlechthin. Deshalb schreibt Paulus: »Damit wir frei seien, hat Christus uns freigemacht. So steht fest und laßt euch nicht wieder unter das Joch der Knechtschaft beugen« (Gal 5,1). Damit ist das Grundgesetz der christlichen Freiheit ausgesprochen.

Wenn die Gemeinde bekennt »Herr ist Jesus Christus«, dann ist damit jeglicher Herrschaft von Menschen über Menschen die

Legitimation entzogen. Alle Unterschiede, die sonst in der Gesellschaft eine Rolle spielen wie Nationalität, Rasse, Zugehörigkeit zu einer sozialen Klasse, das Geschlecht, haben in dieser Ordnung keine Geltung mehr: »Da gilt nicht mehr Jude oder Grieche, nicht mehr Sklave oder Freier, nicht mehr Mann oder Frau, denn ihr alle seid einer in Christus Jesus« (Gal 3,27f.). Mit Recht schreibt Josef Blank: »Es gibt in der Kirche Jesu Christi keine Herrschaftsverhältnisse in dem Sinne, daß neue Abhängigkeiten geschaffen würden oder daß es ein Zweiklassensystem von Christen gäbe ... Eine derartige Herrschaft wäre eine Mißachtung der Freiheit und eine konsequente Mißachtung des Evangeliums.«[3]

Was Paulus im 2. Korintherbrief im Hinblick auf sich selbst schreibt, gilt genauso für die Kirche: »Der Herr antwortete mir: Es genügt dir meine Gnade; denn sie erweist ihre Kraft in der Schwachheit ... Denn wenn ich schwach bin, dann bin ich stark« (11,9f.). Eine Kirche, die sich absichert, die Herrschaft ausübt, die durch Privilegien Macht und Einfluß genießt, ist eine schwache Kirche. Eine Kirche der Armen, die sich solidarisiert mit den Unterdrückten und Ausgebeuteten, mit den Verachteten und Marginalisierten, ist eine authentische und glaubwürdige, eine starke Kirche.

Diese Dialektik hat Gustavo Gutierrez im Auge, wenn er – ausgehend von dem Hymnus im Philipperbrief – schreibt: »Christus entäußert sich, um sie (sc. die Menschen) von der Sünde zu erlösen, um sie durch seine Armut zu bereichern und um gegen den menschlichen Egoismus zu kämpfen: gegen alles, was Menschen trennt und sie in Arme und Reiche, Besitzende und Habenichtse, Unterdrücker und Unterdrückte zerreißt.«[4] In demselben Sinne soll sich auch die Kirche entäußern und zu einer Kirche der Armen werden.

Fassen wir die bisherigen Überlegungen zusammen! Im Traum vom Menschensohn und in dem Gedanken Pauli wird nicht jede Art von Macht abgelehnt. Aber jegliche Art von Herrschaft von Menschen über Menschen wird apodiktisch verurteilt. Seit der Ankunft des Menschensohns ist keine Herrschaftsposition mehr zu legitimieren. Aus Ersten werden Letzte, aus Stärke der Herrschaft wird Schwäche, aus Machtgier soll Vollmacht werden.

Was heißt dies aber nun für die Kirche, für die Machtausübung in der Kirche? Bricht nun die Anarchie aus? Darf es überhaupt noch Macht geben?

2. *Grundlegende Dimensionen des Verhältnisses von Charisma und Macht in der Kirche*

2.1 Die charismatische Grundstruktur der Kirche

Wenn wir nach dem Verhältnis von Charisma und Macht in der Kirche fragen, ist es zunächst einmal wichtig zu sehen, daß vor aller Differenzierung in verschiedene Ämter die Kirche eine charismatische Grundstruktur hat. Aber: Was ist das eigentlich: ein Charisma?

Charisma ist eine vom Geiste Gottes allen Christen in vielgestaltiger Weise gratis geschenkte Gabe, die den Christen zur Aufgabe wird, die Gemeinde mit aufzubauen.

Die Kirche selbst ist nicht eine von Menschen erdachte und von Menschen geschaffene Wirklichkeit, sondern sie verdankt ihren Ursprung und ihre Existenz dem Wirken Gottes in der Geschichte. Sie ist eine Gabe Gottes an die Menschen: ein Charisma! Und jeder Mensch, der durch die Taufe Mitglied dieser Kirche geworden ist, hat ebenfalls Gaben des Geistes empfangen.

Darin hat Luther ja nun wirklich recht: Ich muß mir diese Gnadengabe nicht verdienen! Endlich einmal eine Wirklichkeit – und welche Wirklichkeit! –, die mir ohne vorherige Leistung – einfach gratis! – gegeben wird. Allerdings: Dieses Geschenk ist mir nicht zu meiner individuellen Befriedigung gegeben; sie wird nicht mein ausschließliches Privateigentum, sie dient nicht meinem narzißtischen Lustgewinn, sondern sie unterliegt einem fundamentalen christlichen Gesetz: Jede mir von Gottes Geist verliehene Gabe ist zugleich Aufgabe. Paulus drückt dies so aus: »Jeder von uns soll für den Nächsten leben, um Gutes zu tun und die Gemeinde aufzuerbauen« (Röm 15,2). Und im Epheserbrief heißt es: »Er, Christus, ist das Haupt. Durch ihn wird der ganze Leib zusammengefügt und gefestigt in jedem einzelnen Gelenk. Jedes bringt mit die Kraft, die ihm zugemessen ist. So wächst der Leib und wird in Liebe auferbaut« (4,15 f.).

Dabei gibt es nicht ein einziges Charisma, sondern eine große Vielgestaltigkeit von Gnadengaben. Ja, man muß sagen: Es gibt so viele Charismen, wie es Christinnen und Christen in der Kirche gibt. In den Worten Pauli ausgedrückt: »Jeder hat sein Charisma von Gott, der eine so und der andere so« (1 Kor 7,7).

Das ist klar und unmißverständlich. Paulus selbst spricht von einer Fülle von Charismen: von Aposteln, Propheten, Lehrern, Evangelisten, von Diakonissinnen und Diakonen, Almosen geben und Krankenpflege, von Verheirateten, Unverheirateten und Witwen, von Beschnittenen und Unbeschnittenen, von Trauernden und Weinenden: Jede Gabe des Geistes Gottes stellt ein Charisma im Dienste der Gemeinde dar. Aber lassen wir Paulus selbst zu Wort kommen: »Es gibt verschiedene Charismen, aber nur einen Geist. Es gibt verschiedene Dienste, aber nur den einen Herrn. Es gibt verschiedene Kräfte, die wirken, aber nur einen Gott: Er wirkt alles in allem. Jedem aber wird die Offenbarung des Geistes geschenkt, damit sie anderen nützt. Dem einen wird vom Geist die Gabe geschenkt, Weisheit mitzuteilen, dem anderen durch den gleichen Geist die Gabe, Erkenntnis zu vermitteln, dem Dritten im gleichen Geist die Glaubenskraft, einem anderen – immer in dem einen Geist – Heilungsgaben, einem anderen Wunderkräfte, einem anderen prophetische Rede, einem anderen die Fähigkeit, die Geister zu unterscheiden, wieder einem anderen verschiedene Arten verzückter Rede, einem anderen schließlich die Gabe, sie zu deuten. Das alles bewirkt der eine und gleiche Geist; einem jeden teilt er seine besondere Gabe zu, wie er will« (1 Kor 12,4–11).

Paulus schildert auch konkret, wie das Einbringen der Charismen in die Gemeindeversammlung geschehen soll: »Wenn ihr zusammenkommt, trägt jeder etwas bei: einer ein Lied, ein anderer eine Lehre, der dritte eine Offenbarung; einer redet verzückt und ein anderer deutet es. Alles geschehe so, daß es aufbaut« (1 Kor 14,26). Und es überzeugt mich, wenn Exegeten uns darlegen, daß das folgende Gebot: »Die Frau soll schweigen in der Kirche« eine spätere Verfälschung darstellt.

Ich hoffe, dies ist deutlich geworden: Die Kirche als ganze ist ein Charisma des Geistes Gottes an die Menschen, und jedes Mitglied der Kirche ist ein Charismatiker, ein Empfänger von je verschiedenen Gnadengaben, die man zur Auferbauung der Gemeinde nützen soll. Die charismatische Struktur der Kirche ist das Grundlegende, und die Amtsstruktur ist das Zweitrangige, und nicht umgekehrt.

2.2 Der grundlegende Unterschied zwischen Herrschaft und Macht

Bevor wir uns aber diesem Amt in der Kirche zuwenden, gilt es, eine grundlegende Unterscheidung zu treffen: nämlich die zwischen Herrschaft und Macht.

Im ersten Buch seiner »Summa theologica« stellt sich Thomas von Aquin die Frage, »ob der Mensch im Stande der Unschuld über den Menschen geherrscht habe« (Quaestio 96,4). Thomas geht es darum, ob es Herrschaft von Menschen über Menschen schon gegeben habe im Paradies vor dem Sündenfall oder ob die Herrschaft eine Folge der Sünde sei. Eine typische Theologenfrage, werden manche von Ihnen denken. Ich finde aber die Frage sehr interessant. Es geht darum, ob Herrschaft von Menschen über Menschen konstitutiv mit der Natur des Menschen gegeben ist, also notwendigerweise immer sein muß, oder ob die Herrschaft dem Menschen und seiner Würde widerspricht.

Und wie beantwortet nun Thomas seine Frage? Hier die erstaunliche Antwort: »Herrschaft wird im zweifachen Sinne verstanden: einmal als Gegensatz zur Knechtschaft. In diesem Sinne heißt derjenige Herr, dem ein anderer als Knecht unterworfen ist. Zweitens meint nun das Wort Herrschaft, insofern man ganz allgemein die Beziehung zu einem irgendwie Untergebenen bezeichnet. Und so kann auch derjenige ein Herr genannt werden, der das Amt innehat, freie Menschen zu leiten und zu führen. Im erstgemeinten Sinne also hätte der Mensch im Stande der Unschuld keine Herrschermacht über den Menschen gehabt. Im zweiten Sinne aber hätte der Mensch im Unschuldsstande über den Menschen herrschen können.«

Sachlich auf dieser Linie des Thomas, begrifflich von ihm abweichend und aufbauend auf dem Traum vom Menschensohn, gilt es nun diese Konsequenz zu ziehen: Herrschaft von Menschen über Menschen ist immer und überall zu verurteilen. Sie entwürdigt, sie entfremdet den Herrn und den Knecht.

Auf unübertroffene Weise hat der Philosoph Hegel in seiner »Phänomenologie des Geistes« auf den wenigen Seiten über »Herrschaft und Knechtschaft« den Kern des Problems beschrieben, jene Seiten, von denen Hans Mayer behauptet, daß sie der eigentliche Mittelpunkt des ganzen Buches seien[5]. Hegel schreibt dort von den »zwei entgegengesetzten Gestalten des Bewußtseins; die eine als Selbständige, welche das Fürsichsein, die andere das Unselbständige, dem das Leben oder das Sein für ein anderes das Wesen ist; jenes ist der Herr, dies der Knecht« (Werke in zwanzig Bänden III, Frankfurt 1970, 150). Hegel legt ausdrucksvoll dar, wie zum Wesen des Herrn sein Verwiesensein auf den Knecht gehört, wie er ohne ihn gar nicht existieren kann. Er beschreibt aber auch, wie es zum Wesen des Knechtes gehört, abhängig zu sein vom Herrn: Der Herr kann nicht ohne den Knecht leben, der Knecht nicht ohne den Herrn existieren. Beides aber ist des Menschen unwürdig.

Von einer unmenschlichen Herrschaft klar zu unterscheiden ist Macht, ist rationale Machtausübung. Herbert Marcuse trifft den Kern der Sache: »Herrschaft ist etwas anderes als rationale Machtausübung. Letztere, die jeder gesellschaftsformenden Arbeitsteilung innewohnt, stammt aus dem Können und beschränkt sich auf die Verwaltung von Funktionen und Einrichtungen, die für die Förderung des Ganzen notwendig sind. Im Gegensatz dazu wird die Herrschaft von einer bestimmten Gruppe oder von einzelnen ausgeübt mit der Absicht, sich selbst in einer privilegierten Position zu erhalten und seine Macht zu stützen.«[6]

Herrschaft ist dadurch gekennzeichnet, daß der Herrscher weder sein Herrschersein selbst noch einzelne Maßnahmen seiner Herrschaft vor irgendjemanden legitimieren muß. Der Herrscher verfügt über die »Kompetenz der Kompetenz«, das heißt, er legt selbstherrlich fest, wie weit seine Befugnisse gehen, und er ist niemanden jemals Rechenschaft schuldig. Herrschaft wird von niemandem kontrolliert, und sie dauert ewig.

Macht hingegen muß sich immer rechtfertigen. Der Machtträger muß sich immer und jederzeit legitimieren, warum er überhaupt Macht ausübt. Und er muß – wenigstens prinzipiell – jede einzelne Entscheidung seiner Machtausübung vor den anderen rechtfertigen können. Macht muß kontrolliert werden können. Sie unterliegt der Prüfungspflicht von seiten der Betroffenen. Macht muß auf Können gegründet sein, biblisch gesprochen auf einem Charisma. Und Machtausübung ist grundsätzlich zeitlich begrenzt: eine auf Zeit übertragene Dienstaufgabe, die in dem Bewußtsein ausgeführt wird, daß man selbst wieder einer unter anderen sein wird.

Für die Kirche bedeutet dies, daß es in ihr nie und nimmer Herrschaft geben darf, schon gar keine heilige Herrschaft. Darauf komme ich zurück. Wohl aber darf es und muß es in der Kirche menschliche und rationale Macht und Machtausübung geben.

2.3 Die Charismata aller Christen und das Charisma der Amtsträger

Wir sagten schon: Die gesamte Kirche ist durch eine charismatische Grundstruktur gekennzeichnet, und jeder Christin und jedem Christ wird ein Charisma als Gabe und Aufgabe zugleich gegeben. Das Amt und die Macht in der Kirche erklärt sich und ergibt sich aus dieser charismatischen Grunddimension und nicht das Charisma aus der Amtsstruktur.

Aus dem Neuen Testament ergibt sich aber auch völlig klar, daß es Ämter gibt, daß es Leitungspositionen gibt, mit anderen Worten: daß es auch in der Kirche und in den kirchlichen Gemeinden Menschen gibt, die Macht ausüben. Zweierlei aber ist in diesem Zusammenhang wichtig. Zum einen vermeidet es das gesamte Neue Testament, für diese Leitungsfunktion in der Kirche die damals gebrauchten termini technici für das Amt zu gebrauchen: arche, timae, telos. Das kann nicht Zufall sein. Vielmehr vermeidet das Neue Testament diese Begriffe, weil sie Herrschaftsverhältnisse ausdrücken. Statt dessen wird eine ganze Reihe von pragmatischen Wörtern, vor allem auch Metaphern gebraucht wie Steuermann, Hirte, Aufseher, Ältester, Vorsteher. Und statt des Begriffes arche – Herrschaft – wird als Allgemeinbegriff im Hinblick auf die Leitungsfunktion in der

Kirche von *diakonia* gesprochen, vom Dienst, ganz im Sinne des Menschensohnwortes Jesu.

Ein zweites kommt hinzu. Wenn Paulus Charismen aufzählt, so vor allem in den sogenannten »Charismentafeln« (1 Kor 12,28–30 und Röm 12,6–8), dann kommt das Charisma des Leitungsamtes nicht an erster Stelle, sondern an zweitletzter Stelle (1 Kor 12,28). Es wird klar: Der Leitungsdienst ist ein Dienst unter anderen. Hans Küng hat recht: »Das Charisma kann nicht unter das kirchliche Amt subsumiert werden, aber die kirchlichen Ämter können unter das Charisma subsumiert werden ... Man muß in diesem Sinne von einer charismatischen Struktur der Kirche reden, welche die Ämterstruktur umgreift und über sie hinausgreift.«[7]

Man sollte sich auch nicht wundern darüber, daß es unter den Amtsträgern und zwischen den Amtsträgern und den freien Charismatikern zu Spannungen und Konflikten in der Kirche kommt. Das Neue Testament ist ehrlich genug, von dem sogenannten »antiochenischen Zwischenfall« zu berichten, als Paulus dem Petrus ins Angesicht hinein widerstand, weil der erste Papst die befreiende Botschaft Jesu den Heiden vorenthalten wollte (Gal 2,11–21).

Spannungen und Konflikte zwischen den freien Charismatikern und den Amtsträgern sind nicht angenehm. Sie können für die Betroffenen sehr schmerzlich und sehr leidvoll sein. Aber sie hängen mit unserer »condition humaine«, mit unserer menschlichen Begrenztheit und Bedingtheit zusammen und sind in diesem Sinne notwendig. So wie ohne Schmerzen keine Kinder zur Welt kommen, so gibt es kein neues Leben in der Kirche ohne Spannungen, ohne Konflikte, ohne Auseinandersetzungen und Streit, ohne Leid und ohne Trauer. Das ist kein Freibrief für die Amtsträger, repressive Maßnahmen, Herrschaftsallüren zu praktizieren. Aber es ist ein realistisches Inrechnungstellen, daß die Kirche, die freien Charismatiker und die Amtsträger, daß wir alle Menschen sind.

3. Konsequenzen

Welche Konsequenzen ergeben sich nun aus dem Gesagten für die Kirche heute? Hierzu wäre sehr viel zu sagen. Die fünf folgenden Konsequenzen erscheinen mir besonders wichtig zu sein.

3.1 Entsakralisierung des Amtes

Leitungsdienst ist in der Kirche notwendig. Das muß gegen alle Sozialromantiker deutlich gesagt werden. Gerade eine Kirche, die in der heutigen Gesellschaft wirken will und welche die befreiende Botschaft Jesu auch den kommenden Generationen weitergeben will, muß institutionell verfaßt sein und muß einen Leitungsdienst haben.

Aber die kirchlichen Amtsträger dürfen keine Herrschaft ausüben, schon gar keine heilige Herrschaft. Wenn wir den ursprünglichen Wortsinn von Anarchie ernst nehmen, dann ist die Kirche anarchisch: das heißt ohne Herrschaft.

Den kirchlichen Amtsträgern kommt auch keine Vermittlungsfunktion zwischen Gott und den Menschen zu, wie das dem »hiereus«, dem Priester in vielen nichtchristlichen Religionen, zugesprochen wird. Es kommt ja wohl auch nicht von ungefähr, daß das ganze Neue Testament sich weigert, auf die Leiter der christlichen Gemeinde den Begriff »hiereus« anzuwenden. Im neuen Bund gibt es nur einen Mittler des Heiles zwischen Gott und den Menschen: nämlich Jesus Christus.

Das Amtscharisma ist sicher in der Kirche unverzichtbar. Aber es darf nicht absolut gesetzt, sondern muß relativiert werden: das heißt, es ist ein Charisma unter anderen. Es besteht vor allem in dem Dienst der Gemeindeleitung und soll der Auferbauung der Gemeinde dienen, ist also auf die Gemeinde bezogen. Der Gemeindeleiter hat die Aufgabe, die vielgestaltigen Charismen der Gemeindemitglieder zu entdecken und für die Gemeinde fruchtbar werden zu lassen, die verschiedenen Gemeindemitglieder und Gruppen in der Gemeinde miteinander in Verbindung zu bringen, Kommunikation zu schaffen, Konflikte aufzuarbeiten und zu lösen, die Sache Jesu in der Gemeinde und außerhalb in Erinnerung zu rufen, unter Berufung auf die Sache Jesu auch kritische Fragen zu stellen, Verbindung mit anderen Gemeinden und der Leitung der Gesamtkirche herzustellen. Dies ist eine eminent geistig-geistliche Aufgabe, die zugleich hohe menschliche Anforderungen stellt.

3.2 Geschwisterlichkeit in der Kirche

Die Christen der neutestamentlichen Gemeinden lehnten – aufbauend auf Rede und Verhalten Jesu – eine väterliche Autorität in der Gemeinde ab. Die in den Ohren der Juden ungeheuere Tatsache, daß Jesus von Nazaret Gott selbst »Vater« nannte, machte es den Christen unmöglich, die kirchlichen Amtsträger in Zusammenhang mit einer väterlichen Autorität zu bringen.

Es scheint aber so gewesen zu sein, daß die Menschen damals noch nicht reif genug waren, diese radikal neue Autoritätsausübung in der Kirche im Sinne Jesu zu verwirklichen. Denn sehr bald finden wir in der Kirche wieder »Lehrer« und »Meister« und vor allem »Väter«, ja sogar »heilige Väter«. In dem Maße, in dem sich in der Kirche die Brüderlichkeit mehr und mehr verflüchtigte, zog der Patriarchalismus in der Kirche ein. Väter herrschen in der Kirche bis auf den heutigen Tag. Zwar gibt es in der gesamten Kirchengeschichte immer wieder heftige Proteste gegen diesen kirchlichen Patriarchalismus. Es wurde immer wieder von neuem erkannt, daß Geschwisterlichkeit und Vaterherrschaft sich gegenseitig ausschließen.

Dieser Protest gegen den Patriarchalismus in der Kirche hat in der Geschichte vor allem dreierlei Gestalt angenommen. Zum einen führte er zur innerkirchlichen Verwirklichung von Brüderlichkeit und Schwesterlichkeit in den Orden. Zum anderen brachte er als Konsequenz den Versuch der Verwirklichung von Geschwisterlichkeit in den sogenannten Ketzerbewegungen, Sekten und Freikirchen. Eine Form des Protestes führte aber auch – in Feindschaft zur Kirche – zur Brüderlichkeit der Aufklärung und zur Genossenschaft der Arbeiterbewegung.

Kirchlicher Patriarchalismus stellt eine strukturelle Häresie dar. Kirchliches Amt kann heute nur im Sinne der christlichen Brüderlichkeit und Schwesterlichkeit ausgeübt werden.

3.3 Gegen die Bürokratisierung des Amtes

Um dies vorweg deutlich zu sagen: Wenn die Kirche in der heutigen organisierten, differenzierten und komplexen spätkapitalistischen Gesellschaft präsent sein will, braucht sie eine Bürokratie, das heißt, sie braucht die hauptberufliche Verwaltung durch Personen, die Kontinuität und Beharrlichkeit garantieren. Max Weber schreibt: »Man hat nur die Wahl zwischen ›Bureaukratisierung‹ und ›Dilettantisierung‹ der Verwaltung.« [8]

Problematisch wird die Bürokratie in der Kirche dann, wenn sie um sich selbst kreist, wenn sie nur sich selbst reproduziert, wenn sie immer mehr zentralisiert, immer mehr vereinheitlicht und die spezifischen Bedürfnisse der Christinnen und Christen und ihrer Gemeinden gar nicht mehr wahrnimmt. Ganz problematisch aber wird es, wenn die Bürokratie in der Kirche, wenn die Bürokraten mit dem Anspruch auftreten, im Namen Gottes zu sprechen. Franz Xaver Kaufmann hat diese verhängnisvolle Verschmelzung von Amt und Bürokratisierung zu Recht scharf kritisiert. Er schreibt: »Während jedoch im politischen Bereich die Bürokratiekritik immer stärker zunimmt und seit langem ein distanziertes Verhältnis zur staatlichen Verwaltung zu beobachten ist, wird der bürokratische Charakter der kirchlichen Organisation durch den Umstand verschleiert, daß diese Organisation gleichzeitig mit einem normativ-geistlichen Anspruch auftritt und auf eben dieser geistlichen Basis Gehorsam und Unterwerfung verlangt. Darüber hinaus ist die Kombination von bürokratischer Herrschaft und hierokratischer oder patriarchalischer Legitimation dieser Herrschaft mit dauernden kulturellen Orientierungen der Gegenwart inkompatibel – eine solche Kombination erscheint geradezu unmoralisch.« [9]

Bürokratie muß in der Kirche – und anderswo – eine rein dienende Funktion haben, und sie darf nie mit dem Anspruch letzter Wahrheiten auftreten.

3.4 Kirche in Staat und Gesellschaft

In der Geschichte hat die Kirche nur allzu oft an der weltlichen Herrschaft partizipiert oder sie gar selbst ausgeübt. Nur selten hat sie der Versuchung widerstanden, unmenschliche Herrschaft zu legitimieren, sie abzusegnen, um davon zu profitieren. Nur allzu oft stand sie auf der Seite der herrschenden Klasse und hat die Ausbeutung und Unterdrückung, ja den Völkermord, zum Beispiel an den Indios in Lateinamerika, zumindest hingenommen.

Dies stellt nun die große Herausforderung der Theologie der Befreiung an die Kirchen dar: Sich wieder an ihren Ursprung in Jesus von Nazaret zu erinnern, sich mit den unterprivilegierten Klassen zu solidarisieren in ihrem Kampf gegen die Armut und Ausbeutung. Die Kirche als Institution muß ihre vorrangige Option für die Armen auch praktisch verwirklichen: Gerade auch das Leitungsamt in der Kirche muß sich begreifen im Dienst an der Gerechtigkeit.

Für die Kirchen in der Bundesrepublik Deutschland ergeben sich daraus vor allem drei Konsequenzen.

Zum einen müssen die Kirchen sich im internationalen Maßstab verstehen als die Interessenvertreterinnen der Armen der »Dritten Welt« hier in der »Ersten Welt«. Angesichts der mächtigen Lobby, welche die multinationalen Konzerne besitzen und die im scharfen Gegensatz stehen zu den Interessen der Armen in der »Dritten Welt«, sind die Kirchen in der Bundesrepublik Deutschland aufgerufen, in der Nachfolge Jesu den Armen ihre Stimme zu leihen und sich für ihre Interessen einzusetzen.

Zum anderen aber wird man mit Nachdruck die Frage stellen müssen, ob die staatlichen Privilegien, welche die Kirche als Körperschaft des öffentlichen Rechtes genießt, einer kenotischen Ekklesiologie entspricht, das heißt einer Sicht der Kirche, die sich aller Herrlichkeit und Herrschaft entäußert. Es stellt sich wirklich die Frage, ob diese Rechtsfigur der Körperschaft des öffentlichen Rechtes den heutigen Erfordernissen der Kirche, vor allem aber auch ihrer eigenen Glaubwürdigkeit dient. Die Rechtsfigur der Körperschaft des öffentlichen Rechts, wie wir sie in Deutschland seit dem Ende des 18. Jahrhunderts kennen, war eine wichtige Übergangsphase im Prozeß der Trennung von Thron und Altar, von Staat und Kirche. Ich komme aber immer mehr zu der Überzeugung, daß diese Rechtsfigur für die Kirche heute anachronistisch geworden ist und eine neue Rechtsfigur geschaffen werden muß, vielleicht die eines rechtsfähigen Verbandes.

Die Kirche muß sich von einer geschichtlich verständlichen, heute aber überholten Fixierung auf den Staat befreien und muß sich vielmehr primär hingeordnet wissen auf die Gesellschaft. Dort ist der Ort ihres Wirkens und ihres Engagements im selbstlosen Dienst an einzelnen und an gesellschaftlichen Gruppen, vor allem im Dienst an denjenigen, die ihre Interessen selbst nicht artikulieren und vertreten können.

Zu Recht hat aber der »Bensberger Kreis« in seinem Memorandum vom Mai 1985 »Zu einigen Aspekten der Kirchenfinanzierung« auf die Problematik des Finanzierungssystems und des Reichtums der Kirchen in der Bundesrepublik Deutschland hingewiesen. Und in der Tat: Meine Freunde in Lateinamerika haben mich immer wieder gefragt, wie wollt ihr als Kirche in der Bundesrepublik Deutschland denn eigentlich eine Kirche der Armen verwirklichen?

Die beiden christlichen Kirchen in der Bundesrepublik Deutschland sind ungeheuer reich. Das Kirchensteueraufkommen beträgt im Jahr für beide Kirchen über 12 Milliarden DM. Der sechste Subventionsbericht der Bundesregierung aus dem Jahre 1980 weist darüber hinaus eine geschätzte Gesamtsumme der staatlichen Steuervergünstigungen zugunsten der Kirchen von 31,7 Milliarden DM auf.

Angesichts dieser Situation ist aber im Sinne von Paulus doch die Frage zu stellen: Ist diese Stärke der Kirche in Wirklichkeit nicht ihre Schwäche? Damit kein Mißverständnis entsteht: Kirche braucht Geld, um ihre Aufgaben zu erfüllen. Die Frage ist nur: Braucht sie so viel? Ist es richtig, daß das notwendige Geld ihr durch ein staatliches Privileg gegeben wird? Ist es richtig, daß dieses Geld den Bistümern und Landeskirchen zukommt anstatt direkt den einzelnen Gemeinden?

3.5 Neue Autorität in der Kirche

Josef Blank schreibt, ein Herrenwort variierend: »Wer seine Autorität retten will, wird sie verlieren; und wer sie darangibt, der wird sie gewinnen.« [10] Zwar geht es ohne Autorität in der Kirche nicht. Wir brauchen Christinnen und Christen, die aufgrund ihres Charismas und einer Beauftragung sich um die Einheit in der Kirche mühen, die den Weg weisen und in Konflikten vermitteln. Aber es muß eine neue Art von Autorität sein: eine Autorität, die unter Berufung auf die Sache Jesu einlädt, sich auf dieselbe Sache einzulassen, sich auf den Weg des Menschensohns zu machen.

Johann Baptist Metz setzt sich mit Recht ein für den Übergang von der Vaterautorität zur Zeugnisautorität: »Nicht das Imago des Vaters, sondern das des Zeugen, nicht der pater, sondern der martyr und sein martyrium müssen für das Verständnis kirchlicher Autorität leitbildlich wirksam sein.« [11] Wir brauchen eine Autorität in der Kirche, die glaubwürdig durch das eigene Leben bezeugt, was christlicher Glaube ist. Wir brauchen eine Autorität, wie sie Jesus vorgelebt hat: eine Autorität nicht aufgrund von Zwang und Gesetz und Herrschaft und Gebot, sondern eine Autorität des auf den Menschen Zugehens, des Hinhörens, des Helfens, des Einladens, der gelebten Überzeugung.

Wenn kirchliche Gemeinden, wenn Kirchen in diesem Sinne auf menschliche Weise – im Sinne des Traumes vom Menschensohn – Macht ausüben, wenn sie ein Stück dieses Traumes verwirklichen, dann können sie auch exemplarisch realisieren, wie Macht unter Menschen aussehen könnte, vorbildlich für andere Bereiche menschlichen Zusammenlebens.

Schluß

Ist dies nur Traum? Ist dies nur ein Wunsch? Ist es nur moralischer Appell?

Ich habe wiederholt erfahren dürfen, wie in den Basisgemeinden in Lateinamerika Christinnen und Christen menschlich miteinander umgehen, wie die Leiterinnen und Leiter von Basisgemeinden auf menschliche Weise Autorität ausüben, wie sie ihr

Amtscharisma wirklich als Dienst an den Menschen, vor allem an den Armen verstehen.

Diese Erfahrung in Lateinamerika gibt mir die Kraft, auf die Verwirklichung des Traumes vom Menschensohn auch in unserer Kirche hier zu hoffen und mich dafür einzusetzen.

Anmerkungen

1 Vgl. das empfehlenswerte Buch von W. Kellner, Der Traum vom Menschensohn, München 1985.

2 Kellner 42.

3 J. Blank, Das Evangelium als Garantie der Freiheit, Würzburg 1970, 44.

4 G. Gutierrez, Theologie der Befreiung, München 1973, 283.

5 H. Mayer, Herrschaft und Knechtschaft. In: Jahrbuch der Deutschen Gesellschaft 15/1971/251, 279.

6 H. Marcuse, Triebstruktur und Gesellschaft, Frankfurt 1979, 41.

7 H. Küng, Die charismatische Struktur der Kirche. In: Concilium 1/1965/282–290, hier 288.

8 M. Weber, Wirtschaft und Gesellschaft, Tübingen 1956, 164.

9 F. X. Kaufmann, Kirche befreien, Freiburg 1979, 128f.

10 Blank, 78.

11 J. B. Metz, Kirche im Prozeß der Aufklärung, München 1970, 79.

Gerechtigkeit und Frieden

Theologie der Befreiung in der »Ersten Welt«?

Das Problem

Der Titel »Theologie der Befreiung in der ›Ersten Welt‹« ist nicht von mir; er wurde mir vorgegeben. Ich habe diese Überschrift mit Bedacht mit einem Fragezeichen versehen, weil mir Begriff und Sache desto problematischer wurden, je mehr ich darüber nachdachte.

Bekanntlich entstand die Theologie der Befreiung in Lateinamerika in einem ganz bestimmten gesellschaftlichen und wirtschaftlichen Kontext, der vor allem durch Unterdrückung und Ausbeutung gekennzeichnet war und ist. Theologie der Befreiung war und ist der kreative und authentische Versuch, auf die leidvoll erfahrene Situation eine genuin christliche Antwort zu geben.

Nun leugne ich überhaupt nicht, daß es auch in der »Ersten Welt« Ausbeutung und Unterdrückung gibt. Davon wird noch zu sprechen sein. Aber es scheint mir inadäquat, ja anmaßend zu sein, eine solche vor allem von Leid gleichsam getränkte Theologie einfach in die »Erste Welt« transponieren zu wollen. Inadäquat deshalb, weil wir in der »Ersten Welt« in einem anderen gesellschaftlichen und wirtschaftlichen Kontext leben und gerade die Theologie der Befreiung ja zu Recht auf der Notwendigkeit einer kontextuellen Theologie besteht; anmaßend deshalb, weil wir Theologen und Christen der »Ersten Welt« in der Regel in einer nicht vergleichbaren, privilegierten Position leben. Hinzu kommt ein wichtiger Unterschied zwischen der Theologie der Befreiung in der »Dritten Welt« und der Theologie in der »Ersten Welt« (neben vielen anderen Unterschieden): Die Theologie des reichen Nordens darf und kann nicht hinter die neuzeitliche Freiheitsgeschichte und die Aufklärung zurückfallen (was immer das im einzelnen bedeuten mag), es sei denn, sie wandere selbst aus dem öffentlichen und wissenschaftlichen Diskurs aus. Sie darf und kann freilich auch nicht hinter die »Dialektik der Aufklärung« zurückfallen, es sei denn, sie gebe den Anspruch auf, hier kontextuelle Theologie zu sein. Clodovis Boff hat zu Recht auf diesen Situationsunterschied in Lateinamerika und Europa hingewiesen.[1]

Diese Ausführungen sollten auf keinen Fall in dem Sinne mißverstanden werden, als ob ich für eine allzu einfache Arbeitsteilung in Theologie und Kirche plädiere: Die Christen in Lateinamerika haben sich um die Armen zu kümmern, die Christen in der »Ersten Welt« um die Reichen. Wenn sich die Christen in der »Ersten Welt« den Anfragen, Aufforderungen und Optionen der Christen in der »Dritten Welt« verweigern, verletzen sie ihr eigenes Selbstverständnis der einen universalen Kirche und brechen als praktische Schismatiker aus der Einheit der Kirche aus. »Wenn darum ein Glied leidet, leiden alle Glieder mit; wenn ein Glied geehrt wird, freuen sich alle anderen mit ihm« (1 Kor 12,26). Die vorrangige Option für die Armen, vor allem von der Dritten Generalversammlung des lateinamerikanischen Episkopates in Puebla 1979 verkündet, gilt für die gesamte Kirche. Und auch der »Konflikt um die Theologie der Befreiung«[2] ist nicht nur eine Angelegenheit der Theologen der Befreiung, sondern eine Angelegenheit aller Theologen und der ganzen Kirche. Und dies nicht nur, weil es das Gebot der Solidarität verlangt, daß Theologen in der »Ersten Welt« ihren gemaßregelten Kollegen in der »Dritten Welt« mit Rat und Tat zur Seite stehen (viel mehr, als dies bisher geschehen ist!), sondern vor allem auch deswegen, weil hier Grundfragen der Theologie und des kirchlichen Lebens zur Debatte stehen.

Aber gerade derjenige, der für die Legitimität, ja Notwendigkeit einer kontextuellen Theologie eintritt, wird konsequenterweise nicht mit dem Anspruch auftreten, eine Theologie der Befreiung in der »Ersten Welt« zu vertreten. Wir werden – vor allem in der katholischen Kirche – es noch zu lernen haben, daß es die eine, universale, überall anerkannte Theologie nicht gibt und auch nicht mehr geben darf, sondern daß wir es – noch viel mehr als bisher – mit einer Vielzahl von Theologien zu tun haben werden. Wenn Ernst Käsemann schon im Hinblick auf das Neue Testament von verschiedenen Theologien spricht, um wie viel mehr muß es dann heute eine solche Vielzahl von kontextuellen Theologien geben, die nur noch einmal zum Ausdruck bringen, daß Gott nie adäquat reflektiert und auf den Begriff gebracht werden kann, sondern daß Theologie immer nur ein Annäherungsversuch bleibt, notwendigerweise geprägt von der jeweiligen geschichtlichen und gesellschaftlichen Situation, wobei allerdings diese Vielgestaltigkeit immer bezogen ist auf dasselbe absolute Geheimnis, welches wir Gott nennen.

Dies gesagt habend, trete ich aber entschieden dafür ein, daß die Theologen in der »Ersten Welt« eine prophetische politische Theologie zu verwirklichen haben, welche die Herausforderung der Theologie der Befreiung ganz ernst nimmt und Gott und die »Erste Welt« reflektiert unter dem Vorzeichen der vorrangigen Option für die Armen. Dabei scheint mir ein kritischer Dialog, auch eine gegenseitige »correctio fraterna« zwischen den Theologien unbedingt notwendig zu sein.

Im folgenden wird versucht, einige, mir wichtig erscheinende Elemente einer *prophetischen politischen Theologie* in der »Ersten Welt« zu skizzieren.[3]

Trauerarbeit

Christliche Theologie in der »Ersten Welt« wird zunächst und grundlegend darüber nachzudenken haben, inwiefern sie in der abendländischen Theologiegeschichte mitschuldig geworden ist vor allem an den vier gefährlichen Krankheiten, an denen die Weltgesellschaft heute leidet, ja in ihrer Existenz bedroht ist: an dem Ost-West-Konflikt, an dem Nord-Süd-Konflikt, an der ökologischen Krise und an dem Frau-Mann-Konflikt, wobei diese vier Krisenherde untereinander vielfach verschränkt sind. Mir ist bewußt, wie umstritten die Frage ist, ob überhaupt und in welchem Maße das Christentum hier involviert ist, und ich kann hier auf diese Diskussion nicht eingehen. Aber ich bin überzeugt davon, daß eine Trauerarbeit der Theologie – biblisch gesprochen: eine Umkehr – notwendige Voraussetzung dafür ist, eine prophetische politische Theologie in der »Ersten Welt« zu verwirklichen. Für mich jedenfalls stellt es die größte Herausforderung für meinen christlichen Glauben dar, daß der Verlauf der letzten fünfhundertjährigen Geschichte in Lateinamerika maßgeblich von Christen und der katholischen Kirche geprägt wurde und das »Ergebnis« dieser Epoche eine zum Himmel schreiende strukturelle Ungerechtigkeit der Gesellschaft darstellt.

Wider den Neokolonialismus

Eine solche »metanoische« Aufarbeitung der Theologie- und Kirchengeschichte muß zur Konsequenz haben nicht nur einen Kampf gegen jegliche Form des politischen und ökonomischen Neokolonialismus (davon wird noch die Rede sein), sondern vor allem auch das Entlassen der Kirche und Theologie in der »Dritten Welt« in ihre Freiheit. Die Kirche und die Theologie in Lateinamerika hat sich – vor allem seit der Zweiten Generalversammlung des lateinamerikanischen Episkopates in Medellin 1968 – auf diesen Weg der Emanzipation begeben, und es ist die unbedingte christliche Pflicht der universalen Kirchenleitung in Rom, der Kirchen und der Theologen in der »Ersten Welt«, den Christen in der »Dritten Welt« auf diesem Weg der Eigenständigkeit nicht nur nichts in den Weg zu legen, sondern diesen Weg in die Autonomie mit allen Kräften zu fördern, so wie gute Eltern wissen, daß sie den Abnabelungsprozeß ihrer Kinder zu unterstützen haben, so schmerzhaft dies auch ist.

Dies gilt auf der theoretischen Ebene: der Anerkennung eines eigenen theologischen Weges in derselben Treue zu den allen Christen verpflichtenden jüdischen und christlichen Traditionen. Dies gilt ebenso auf der praktischen Ebene: der Anerkennung neuer pastoraler Wege. Dies gilt auch auf der finanziellen Ebene: daß finanzielle Hilfe gereicht wird ohne jegliche Auflage.

Darüber hinaus aber ist zu realisieren, daß Eltern auch von ihren Kindern lernen sollen, das heißt in diesem Falle, daß die Christen in der »Ersten Welt« zu lernen haben von Theorie und Praxis christlichen Lebens in der »Dritten Welt«. Ein Beispiel, das mich selbst sehr betroffen gemacht hat, möge dies verdeutlichen. Im Vorwort zur deutschen Ausgabe des Glaubensbuches peruanischer Campesinos »Vamos caminando«[4] schreibt Bischof J. Dammert von Cajamarca: »Die katholische Literatur, die in Lateinamerika benutzt wurde, war europäisch ... (Nun) entstand das Buch ›Vamos caminando‹, das jetzt den Weg der Gegenrichtung geht, angeboten wird es den Christen des alten Deutschlands, das so voll von theologischer Literatur ist.«[5]

Wider den »Consumismo«

Eine Theologie in der »Ersten Welt«, welche sich herausfordern läßt von der Theologie der Befreiung, wird das faktische Wertmuster der einseitigen Konsumorientierung, den »consumismo«, in Frage zu stellen haben. Eindrucksvoll hat Pier Paolo Pasolini diese Zerstörung der Kultur des einzelnen durch die Konsumgesellschaft analysiert.[6] Er schreibt: »Der Zwang zum Konsum ist ein Zwang zum Gehorsam gegenüber einem unausgesprochenen Befehl. Jeder ... steht unter dem entwürdigenden Zwang, so zu sein wie die anderen: im Konsum, im Glücklichsein, im Freisein; denn das ist der Befehl, den er empfangen hat und dem er gehorchen ›muß‹, will er sich nicht als Außenseiter fühlen. Nie zuvor war das Anderssein ein so schweres Vergehen wie in unserer Zeit der Toleranz.«[7]

Entfremdung durch Reichtum

Karl Marx hat in seinen »Ökonomisch-Philosophischen Manuskripten« die Entfremdung des Arbeiters durch wachsende Armut beschrieben: »Der Arbeiter wird um so ärmer, je mehr Reichtum er produziert, je mehr seine Produktion an Macht und Umfang zunimmt. Der Arbeiter wird eine um so wohlfeilere Ware, je mehr Waren er schafft. Mit der Verwertung der Sachwelt nimmt die Entwertung der Menschenwelt in demselben Verhältnis zu.«[8] Zwar gibt es auch in der »Ersten Welt« weiterhin – wie zu Marx' Zeiten – die Entfremdung durch Armut (davon wird noch zu sprechen sein); aber es gibt auch die spezifische Entfremdung durch Reichtum: eine Versklavung des Menschen durch den Fetisch-Charakter des Prestiges, des Einkommens, des Besitzes, des Eigentums, der Leistung.

Dabei werden sich christliche Theologen vor einer Ideologisierung der Armut und des Armen zu hüten haben, eine Ideologisierung, die sich oft genug in der Christentumsgeschichte gestützt hat auf das mißverstandene Wort Jesu: »Arme werdet ihr immer bei euch haben« (Mt 26,11). In Wirklichkeit geht es darum, sowohl die Entfremdung durch Armut wie die Entfremdung durch Reichtum zu überwinden.

Neuer Lebensstil

Für sehr viele Christen in der »Ersten Welt«, die – zumindest gemessen an der Armut in der »Dritten Welt« – zumeist sehr reich sind, wird dies nicht ohne eine grundlegende Änderung des Lebensstiles im Leben des einzelnen, der Familie, der kirchlichen Gemeinde, ja der Gesellschaft gehen. Schon vor zehn Jahren haben die beiden christlichen Kirchen in der Bundesrepublik Deutschland aus Anlaß der »Vierten Konferenz der Vereinten Nationen für Handel und Entwicklung« (UNCTAD IV) geschrieben: »Menschen verschiedener Weltanschauungen versuchen seit einiger Zeit, einen ›neuen Lebensstil‹ zu finden und zu verwirklichen. Der Verzicht auf bisher selbstverständliche Gewohnheiten und Neigungen des Konsums gehört dabei zu den zentralen Vorstellungen ... Ein einfacher Lebensstil in den Industrieländern soll dazu beitragen, die aus physischen oder wirtschaftlichen Gründen knappen Güter dieser Welt gerecht zu verteilen. Solchen Aktionen geht es aber über den Verzicht hinaus um eine weitergehende Umorientierung des Verhaltens, um einen neuen Umgang mit Menschen, Zeit, Geld und Dingen.«[9]

Kapitalismuskritik

Über eine solche Änderung des Lebensstils hinaus werden die Christen in der »Ersten Welt« aber auch zu prüfen haben, ob das kapitalistische Wirtschaftssystem auf der Grundlage der jüdischen und christlichen Traditionen und der Traditionen der

Christentumsgeschichte nicht radikal in Frage gestellt werden muß. Bekannt ist, wie scharf das Schlußdokument der Dritten Generalversammlung des lateinamerikanischen Episkopates in Puebla 1979 dieses System kritisiert hat: »Die freie Marktwirtschaft in ihrer reinsten Ausprägung, die immer noch als Wirtschaftssystem auf unserem Kontinent gilt und durch gewisse liberale Ideologien legitimiert wird, hat den Abstand zwischen Reichen und Armen vergrößert, weil sie das Kapital vor die Arbeit setzt, wirtschaftliche Interessen vor soziale Belange. Minderheitsgruppen, zuweilen mit ausländischen Interessen verbündet, haben die Möglichkeiten ausgenutzt, die ihnen diese alten Formen des freien Marktes bieten, um ihren Vorteil auf Kosten der Interessen des größeren Teils der Bevölkerung zu sichern« (Nr. 47).

Diese Kritik am kapitalistischen Wirtschaftssystem wird ja aber wohl nicht nur für Lateinamerika gelten, sondern auch für die »Erste Welt«. Die katholischen Bischöfe von Kanada[10] und der Vereinigten Staaten von Amerika[11] haben diese Kritik weithin übernommen. Es bleibt eine akute Aufgabe der Theologie in der »Ersten Welt«, trotz erheblichen gesellschaftlichen Widerstandes eine solche Kritik noch besser zu begründen und überzeugender darzulegen.

Option für die Armen

Auch für die »vorrangige Option für die Armen«, wie sie in dem Schlußdokument der Dritten Generalversammlung des lateinamerikanischen Episkopates in Puebla 1979 so überzeugend gefordert wurde[12], gilt ja wohl nicht nur für die Kirche in Lateinamerika, sondern auch für die Kirchen in der »Ersten Welt«. Und niemand wird zu behaupten wagen, daß es hier keine Armen gäbe. Nach seriösen Schätzungen des »Deutschen Caritasverbandes« gab es im Jahre 1985 in der Bundesrepublik Deutschland 2,5 Millionen Empfänger von Sozialhilfe und rund 650000 Empfänger von Arbeitslosenhilfe.[13] Nimmt man diejenigen hinzu, die aus Scham oder Unwissenheit keine Sozialhilfe beantragen, die aus der Arbeitslosenhilfe herausgefallen sind oder deren Einkommen (Lohn, Gehalt, Rente) unter den Sätzen der Sozialhilfe liegen, darf man wohl schlußfolgern, daß rund zehn Prozent der Bevölkerung in der Bundesrepublik Deutschland strukturell arm sind.[14] Die Glaubwürdigkeit der Christen, der kirchlichen Gemeinden, der Theologen und der Kirchen in der »Ersten Welt« wird sich daran erweisen müssen, ob sie sich wie die Christen in der »Dritten Welt« mit diesen Armen hier solidarisieren oder nicht.

Kritik der Entwicklungshilfe

Aber die Solidarität der Christen in der »Ersten Welt« darf sich natürlich nicht nur auf die Armen im eigenen Lande beschränken, sondern wird vor allem auch Solidarität mit den armen Völkern in der »Dritten Welt« beinhalten. Dabei wird die traditionelle staatliche und private Entwicklungshilfe sehr kritisch zu analysieren sein. Nur zu oft dient diese sogenannte »Entwicklungshilfe« den wirtschaftlichen Eigeninteressen und Expansionismus der nationalen Volkswirtschaften und der einzelnen Unternehmen, wird mit politischen oder wirtschaftlichen Auflagen verbunden oder dient schlicht als Werbespesen für den Export.

Sehr ernst zu nehmen ist auch die Kritik, daß Entwicklungshilfe in vielen Fällen ausgesprochen kontraproduktiv wirkt, vor allem in mittel- und langfristiger Perspektive.[15] Es wird von Fall zu Fall genau zu prüfen sein, ob solche Entwicklungshilfe wirklich den Armen zugute kommt und bei den Grundbedürfnissen der Armen ansetzt oder ob sie nur dem wachsenden Reichtum einer »Brückenkopfelite« in den Ländern der »Dritten Welt« zugute kommt.

Dependenztheorie

Die Christen in der »Ersten Welt« werden sich auch vor der bitteren Erkenntnis der Dependenztheorie nicht verschließen dürfen, welche sich die Theologen der Befreiung weithin zu eigen gemacht haben. Auch Papst Johannes Paul II. identifizierte sich mit der Kernaussage dieser Theorie, als er in seiner Eröffnungsansprache vor der Dritten Generalversammlung des lateinamerikanischen Episkopates in Puebla sprach von den »Mechanismen, die, da sie nicht von einem authentischen Humanismus, sondern vom Materialismus geprägt sind, auf internationaler Ebene die Reichen immer noch reicher machen, auf Kosten der Armen, die immer ärmer werden«[16].

Diese Erkenntnis wird sich unter den Christen der »Ersten Welt« erst noch durchsetzen müssen, daß sie nämlich selbst Unterdrücker sind. Auf der internationalen Ebene sind die Völker der »Ersten Welt« Unterdrücker der Völker in der »Dritten Welt«. Wir sind so reich, weil die Menschen in der »Dritten Welt« so arm sind. Wir sind oft so fett, weil die anderen hungern.

Solidaritätsarbeit

Um bei den Menschen in der »Ersten Welt« diesen Wandlungsprozeß im Bewußtsein zu erreichen, ist eine konkrete Solidaritätsarbeit oft sehr wichtig. Ich verstehe darunter das Engagement von einzelnen Christen, von Solidaritätsgruppen und von kirchlichen Gemeinden, die nicht nur Informationsarbeit leisten, sondern auch ganz konkrete Projekte in Ländern der »Dritten Welt« unterstützen. Nicht nur, daß durch eine solche Hilfe vor Ort Menschen wirksam geholfen wird. Mindestens genauso wichtig ist es, daß die Menschen hier Informationen erhalten und von den Christen und Basisgemeinden lernen, was es heißt, konkret Christsein zu verwirklichen. Partnerschaften von kirchlichen Gemeinden hier und Basisgemeinden dort haben oft zur Konsequenz, daß sich die kirchlichen Gemeinden hier in Auseinandersetzung mit dem konkret erfahrenen Nord-Süd-Konflikt entscheidend verändert haben.

Kritik des Weltwirtschaftssystems

Eine wichtige Aufgabe einer prophetischen politischen Theologie besteht aber auch darin, auf die Ungerechtigkeit, ja strukturelle Sündhaftigkeit des bestehenden Weltwirtschaftssystems hinzuweisen. Bei einer Weltbevölkerung von rund fünf Milliarden Menschen gibt es heute weltweit rund achthundert Millionen

Menschen, die an Unterernährung, fehlender Gesundheitsfürsorge, hoher Säuglingssterblichkeit, geringer Lebenserwartung und an unmenschlichen Umweltbedingungen leiden. Der »Hungerkrieg« zwischen den reichen Ländern des Nordens und den armen Ländern des Südens erfordert jährlich etwa 80 Millionen Tote, viel mehr, als der Zweite Weltkrieg in mehr als fünf Jahren gefordert hat.

Dabei nimmt die »Erste Welt« diese ungeheure, planetarische Menschheitskatastrophe kaum zur Kenntnis, obwohl kein Zweifel daran bestehen kann, daß diese Katastrophe bei ernsthaften Bemühungen abgewendet werden kann. Im Grunde genommen ist die sogenannte »Weltwirtschaftsordnung« nichts anderes als die Projektion des klassischen bürgerlichen Besitzindividualismus und Besitzegoismus des 18. und 19. Jahrhunderts auf das Verhältnis der Besitzenden zu den armen Nationen und damit auf die Weltebene. Die besitzenden Nationen betonen auch heute ihr Recht auf Eigentum, das heißt auf ihren Lebensstandard, und fordern von den Völkern der »Dritten Welt«, die unterhalb des Existenzminimums leben, die Anerkennung dieses »Rechtes« auf Eigentum. Insofern ist die heutige Weltwirtschaftsordnung und ihre ideologische Verteidigung nur ein entwickelter Ausdruck der bürgerlichen Ideologie des 18. und 19. Jahrhunderts. Die Ausbeutung der Arbeiter durch die Besitzenden im 19. und 20. Jahrhundert auf nationaler Ebene vollzieht sich heute im weltweiten Maßstab durch die Ausbeutung der Menschen in der »Dritten« und »Vierten Welt« durch die Völker der »Ersten« und »Zweiten Welt«. Dies hat klar Präsident Julius Nyerere in einem Vortrag Mitte Mai 1985 vor der Friedrich-Ebert-Stiftung in Bonn ausgesprochen: »Der Transfer des Reichtums von den Armen zu den Reichen, der das gegenwärtige Handels- und Finanzsystem charakterisiert, ist unmoralisch. Es ist international genauso unmoralisch wie innerhalb der Nationen ... Niemand, der an Gott oder auch nur an die Menschlichkeit glaubt, darf diesen Abfluß von Ressourcen aus den armen in die reichen Länder länger hinnehmen.«[17]

Die Tatsache, daß die reichen Länder des Nordens ihre Hand dazu bieten, daß die armen Länder des Südens in eine immer größere finanzielle Abhängigkeit geraten, ist unter ethischen

Gesichtspunkten in gar keiner Weise zu rechtfertigen. Es ist skandalös, wenn der Schuldenberg der Länder der »Dritten Welt« jetzt rund eine Billion Dollar erreicht hat, wovon vor allem die nordamerikanischen und europäischen Banken mit ihren hohen Zinsen profitieren.[18] Es ist eine Katastrophe, wenn die Länder der »Dritten Welt« im Jahre 1984 17 Milliarden DM mehr an die Länder des reichen Nordens an Zinsen und Tilgungen zurückgezahlt haben, als sie in demselben Jahre an Entwicklungshilfe erhielten. Allein die lateinamerikanischen Länder haben im Jahre 1985 100 Milliarden Dollar an Zinsen und Tilgungen an die reichen Länder des Nordens gezahlt. Es ist unmoralisch, wenn die Regierung der Vereinigten Staaten von Nordamerika versucht, das Haushaltsdefizit der eigenen nationalen Volkswirtschaft in Höhe von rund 150 Milliarden Dollar und das Defizit der Handelsbilanz in Höhe von rund 135 Milliarden Dollar (geschätzt für das Jahr 1985) vor allem durch eine Hochzinspolitik auf andere Länder abzuwälzen, auf Kosten vor allem der Armen in der Welt.

Hinzu kommt, daß ein enger Zusammenhang zwischen dem Nord-Süd-Konflikt und dem Ost-West-Konflikt besteht. Viele der 159 Kriege, die seit 1945 weltweit geführt wurden und von denen 22 bereits mehr als fünf Jahre andauern, sind sogenannte »Stellvertreterkriege«, welche Völker im Interesse der Großmächte führen.[19] Die nationalen Bestrebungen kleiner Völker um Selbstbestimmung und soziale Gerechtigkeit werden immer wieder von den Großmächten in den Ost-West-Konflikt hineingepreßt und ihren imperialistischen Interessen untergeordnet.

Der Zusammenhang zwischen dem bereits anachronistisch gewordenen Ost-West-Konflikt und dem Nord-Süd-Konflikt ist aber auch ganz pragmatisch dadurch gegeben, daß alle die finanziellen Mittel, Forschungskräfte und wirtschaftlichen Produktionskräfte, welche in die Rüstung fließen, den Armen in der Welt vorenthalten werden. Es ist skandalös, wenn 1984 eine Billion Dollar für Rüstungsausgaben ausgegeben wurde, während in demselben Jahr nur 350 Milliarden Dollar für Entwicklungshilfe der öffentlichen Hand zur Verfügung standen.[20] Es ist wahr, wenn Willy Brandt in seinem Buch »Der organisierte Wahnsinn« schreibt: »In der einen Billion Dollar, die in diesem

Jahr weltweit für Rüstung ausgegeben wurden, steckt das Todesurteil für Millionen unserer Mitmenschen. Die Mittel, sie leben zu lassen, werden durch Waffen absorbiert.«[21] Dasselbe hat der Vertreter des Vatikans bei den Vereinten Nationen, Giovanni Cheli, zum Ausdruck gebracht: »Auch wenn sie unverwendet bleiben, töten die Waffen durch ihre hohen Kosten die Armen oder lassen sie verhungern.«[22] Es ist in gar keiner Weise moralisch zu rechtfertigen, daß für die »Strategische Verteidigungsinitiative« (SDI) nach dem augenblicklichen Stand bis 1994 rund 70 Milliarden Dollar veranschlagt werden.[23] Dies bedeutet ein Verbrechen an den Armen in dieser Welt.

Bereits 1982 wurde die Rüstungsindustrie zum hauptsächlichen Verbraucher jener wertvollen Ressourcen, die sie zu schützen vorgibt.[24] Zwischen 50 und 100 Millionen Personen sind direkt oder indirekt mit militärischen Aufgaben beschäftigt. Über 500000 Fachleute arbeiten an militärischen Forschungsprogrammen. Jährlich werden 35 Milliarden Dollar für die Entwicklung von neuen Waffentechnologien aufgewandt. Die Streitkräfte aller Länder verbrauchen sechs Prozent der Weltölproduktion und mehr Aluminium, Kupfer, Nickel und Platin als Afrika und Lateinamerika zusammen für zivile Zwecke. Weltweit gibt es mehr Soldaten in Uniform als Lehrer. Für militärische Forschungsprojekte wird mehr Geld aufgewandt als für die Erforschung von neuen Energiequellen, Heilmitteln, Landwirtschaftsmethoden und Umweltschutz zusammen. Die Vereinigten Staaten von Nordamerika geben mehr Geld für die Modernisierung kleiner Raketen für den Luftkampf aus, als die Weltgesundheitskonferenz in zehn Jahren zur erfolgreichen Ausrottung der Pocken zur Verfügung hatte (100 Millionen Dollar).

Mit anderen Worten: Menschen müssen hungern, millionenfach verhungern, weil so viel gerüstet wird. Für jede Christin und jeden Christen ist dies ein unerträglicher Zustand. Eine prophetische politische Theologie wird nicht müde werden, in der Nachfolge des Jesus von Nazaret auf diesen unerträglichen Zustand hinzuweisen, alles in ihren Kräften Stehende zu tun – und durch ihr persönliches Engagement mit beizutragen –, um eine Veränderung zu bewirken.

1 N. Greinacher – C. Boff, Umkehr und Neubeginn, Freiburg/Schweiz 1986, 50f.
2 So der Titel meines Buches (Zürich 1985).
3 Vgl. dazu: N. Greinacher, Der Schrei nach Gerechtigkeit. Elemente einer prophetischen politischen Theologie, München 1986.
4 Freiburg/Schweiz [3]1983.
5 Ebd. XIII.
6 P.P. Pasolini, Freibeuter-Schriften. Die Zerstörung der Kultur des Einzelnen durch die Gesellschaft. Quarthefte 96, Berlin 1978.
7 Ebd. 37.
8 K. Marx – F. Engels, Werke. Ergänzungsband I, Berlin 1973, 511.
9 H. Kunst – H. Tenhumberg, Soziale Gerechtigkeit und internationale Wirtschaftsordnung, München 1976, 27.
10 Ethische Überlegungen zur Wirtschaftskrise. In: Publik-Forum 23.9.1983.
11 Die Armen müssen Maßstab sein (mit der ersten Fassung des Hirtenbriefes der katholischen Bischofskonferenz der USA). Publik-Forum Dokumentation, Frankfurt o.J.
12 Vgl. vor allem die Nr. 1134–1165.
13 Caritas aktuell Nr. 3/1985.
14 Zur Frage der strukturellen Armut vgl. vor allem: St. Leibfried – F. Tennstedt, Politik der Armut, Frankfurt 1985; K.M. Bolte – St. Hradil, Soziale Ungleichheit in der Bundesrepublik Deutschland, Opladen 1984; G. Schäuble, Theorien, Definitionen und Bewertung der Armut, Berlin 1984; R. Kreckel (Hg.), Soziale Ungleichheiten, Göttingen 1983.
15 Vgl. z.B. B. Erler, Tödliche Hilfe. Bericht von meiner letzten Dienstreise in Sachen Entwicklungshilfe, Freiburg 1985.
16 Predigten und Ansprachen von Papst Johannes Paul II. bei seiner Reise in die Dominikanische Republik und nach Mexiko. Verlautbarungen des Apostolischen Stuhls 5, Bonn 1979, 48–67, hier 63.
17 Frankfurter Rundschau 1.8.1985.
18 Die Zeit 3.1.1986.
19 Frankfurter Rundschau 5.10.1985.
20 Frankfurter Rundschau 29.5.1985.
21 Köln 1985.
22 Zit. nach P. Eicher (Hg.), Das Evangelium des Friedens, München 1982, 190.
23 Vorwärts 26.10.1985.
24 Frankfurter Rundschau 27.3.1982.

Leben gegen die Raketen

Versuch eines Christen nach der »Nachrüstung«

Nach den Schätzungen der Vereinten Nationen nähern sich die jährlichen Weltrüstungsausgaben dem Betrag von einer Billion US-Dollar. Das sind rund 4,5 Millionen Dollar pro Minute – Tag und Nacht. Bei der Steigerung der Rüstungsausgaben führen die Vereinigten Staaten von Amerika mit großem Abstand vor der UdSSR. So sind die Militärausgaben in den USA in den Jahren 1981–1984 um real 40 Prozent gestiegen, in der UdSSR um acht Prozent.

Dem steht die Tatsache gegenüber, daß täglich mehr als 40000 Kinder unter einem Jahr an Hunger sterben, jede zweite Sekunde ein Kind. Krankheit und Hunger fordern in jedem Jahr mehr Opfer als der Zweite Weltkrieg während seiner ganzen Dauer. Rund eine Milliarde Menschen hungern, das heißt, jeder vierte Bewohner der Erde hat nicht genügend zu essen. 200 Millionen Kinder leiden unter krasser Unterernährung. Jährlich sterben zwischen 20 und 40 Millionen Kinder an Unterernährung.

Der Skandal besteht darin, daß diese beiden grausamen Wirklichkeiten – vereinfacht ausgedrückt: der Ost-West-Konflikt und der Nord-Süd-Konflikt –, daß Rüstung und Hunger ursächlich miteinander zusammenhängen. Eine Milliarde Menschen hungern, weil so viel gerüstet wird. Der Kampf der Völker in der »Dritten Welt« um ein menschenwürdiges Leben in Freiheit und Selbstbestimmung wird deshalb von reichen Völkern des industrialisierten Nordens – also von uns – bekämpft, weil wir unsere zu Unrecht erworbenen Privilegien, zum Beispiel satt zu werden, verteidigen und deshalb den Nord-Süd-Konflikt in den Ost-West-Konflikt umfunktionieren: So geschah es in Vietnam, so geschieht es in El Salvador und Nicaragua und anderswo.

Für den ursächlichen Zusammenhang zwischen Rüstung und Hunger gibt es eindeutige Beweise. Laut einer Studie der Vereinten Nationen »wurde die Rüstungsindustrie, welche jährlich 500 Milliarden Dollar verschlingt, zum hauptsächlichsten Verbraucher jener wertvollen Ressourcen, die sie zu schützen vorgibt«.

Für jeden Menschen, dem es um ein menschenwürdiges Dasein für alle Menschen geht, muß dies eine Herausforderung darstellen. Für den Christen stellt diese Wirklichkeit die heutige Form der Theodizeefrage dar, das heißt die Frage nach Gottes Gerechtigkeit. Wie soll ich als Christ heute bezeugen, daß Gott alle Menschen, besonders aber die Armen, liebt, wenn die Existenz der ganzen Menschheit, besonders aber der Armen dieser Welt, lebensgefährlich bedroht ist? Das christliche Europa wurde im Jahre 1755 mit der Tatsache konfrontiert, daß die Stadt Lissabon durch ein Erdbeben zu einem Drittel zerstört und 30000 von 170000 Einwohnern den Tod fanden. Überall stellten sich die Christen und die Theologen die Frage: Wie kann Gott das zulassen? Die von Leibniz 1697 gestellte Theodizeefrage wurde überall diskutiert.

Demgegenüber nehmen es die meisten Menschen heute mehr oder weniger als Selbstverständlichkeit hin, daß täglich allein mehr als 40000 Kinder verhungern. Und die Frage nach Gottes Gerechtigkeit bleibt. Sie hat bis heute noch keine befriedigende Antwort gefunden, denn all die Antworten, welche die Theologen im Verlaufe der letzten zweitausend Jahre gegeben haben, können heute nicht befriedigen, wenn man intellektuell redlich bleiben will.

Ich will deshalb hier erst gar nicht versuchen, auf diese Theodizeefrage eine Antwort zu geben. Hier geht es um die Frage: Wie haben Christen das atomare Wettrüsten zu beurteilen? Und: Was ist zu tun?

Religiöse Legitimation des atomaren Krieges

Ich möchte beginnen mit vier Zitaten, die auf ein Phänomen hinweisen, das meiner Ansicht nach bisher viel zu wenig beachtet wurde, nämlich auf den Versuch, einen Krieg mit atomaren Massenvernichtungsmitteln religiös zu legitimieren.

Pater Gustav Gundlach S. J., wichtigster Berater von Papst Pius XII., schrieb 1958, als die Frage der Ausstattung der Bundeswehr mit atomaren Massenvernichtungsmitteln zur Diskussion stand, zur Frage des atomaren Verteidigungskrieges: »Sogar für den möglichen Fall, wo nur noch eine Manifestation der Majestät Gottes und seiner Ordnung, die wir ihm als Menschen schulden, als Erfolg bliebe, ist Pflicht und Recht zur Verteidigung allerhöchster Güter denkbar. Ja, wenn die Welt untergehen sollte dabei, dann wäre das auch kein Argument gegen unsere Argumentation. Denn wir haben erstens sichere Gewißheit, daß diese Welt nicht ewig dauert, und zweitens haben wir nicht die Verantwortung für das Ende der Welt. Wir können dann sagen, daß Gott der Herr, der uns durch seine Vorsehung in eine solche Situation hineingeführt hat oder hineinkommen ließ, wo wir dieses Treuebekenntnis zu seiner Ordnung ablegen müssen, dann auch die Verantwortung übernimmt.«[1]

Heinz Hoffmann, damals Verteidigungsminister der Deutschen Demokratischen Republik, schrieb 1976 zum atomaren gerechten Krieg: »Bei allem Leid, das in diesem letzten und entscheidenden Konflikt zwischen Fortschritt und Reaktion über die Völker käme, besonders in den kapitalistischen Ländern – das wäre von unserer Seite ein gerechter Krieg. Wir teilen also die Auffassung nicht, die selbst fortschrittliche Menschen in der Friedensbewegung vertreten, im Atomzeitalter sei ein gerechter Krieg nicht mehr möglich, der Raketen-Kernwaffen-Krieg auch keine Voraussetzung der Politik der kämpfenden Klasse mehr, sondern nur noch atomares Inferno, Weltuntergang«[2].

Der nordamerikanische Präsident Ronald Reagan definierte in einer Ansprache vor der »Nationalen Vereinigung der Evangelikalen« am 8.3.1983 in Orlando/Florida den Kommunismus als »Das Zentrum des Bösen in der modernen Welt« und führte in diesem Zusammenhang aus: »Ich bin schon immer der Meinung gewesen, daß der Versucher seine größten Anstrengungen für Sie in den Kirchen reserviert. Ich ersuche Sie daher dringend, beim Diskutieren über die Vorschläge für ein Einfrieren der Atomwaffen nicht der Versuchung des Stolzes zu erliegen, der Versuchung, sich unbekümmert für überparteilich zu erklären und beiden Seiten die gleichen Fehler vorzuwerfen, die Tatsachen der

Geschichte und die aggressiven Impulse eines Reiches des Bösen zu ignorieren, das Wettrüsten einfach als ein riesiges Mißverständnis zu bezeichnen und sich auf diese Weise dem Kampf zwischen Recht und Unrecht und zwischen Gut und Böse zu entziehen.«[3] In demselben Jahr erklärte Ronald Reagan: »Sünde und Übel sind in der Welt, und die Schrift, aber auch der Herr Jesus Christus rufen uns auf zum Widerstand.« Wer verlange, daß das Nuklear-Arsenal weltweit eingefroren werde, »der ignoriert die aggressiven Instinkte eines bösen Imperiums«[4].

Horst Scheffler, evangelischer Militärdekan und Dozent für evangelische Theologie und Sozialethik am Zentrum für Innere Führung in Koblenz, schrieb im Jahre 1983 zum atomaren Holocaust: »Auch wenn Himmel und Erde vergingen, wenn das Leben von Pflanzen, Tieren und Menschen auf dieser Erde in apokalyptischer Weise beendet wäre, wenn Feuer den Erdboden verglühte und Strahlung die Ozonschicht des Himmels zerstörte, wenn alles das einträfe, was viele Menschen in den Gemeinden befürchteten, weil tatsächlich nicht sicher ist, daß Menschen die Energien, über die sie verfügen, nicht auch mißbrauchten, dann gilt dennoch weiter die Botschaft vom Sieg des Christus und vom Leben über den Tod hinaus ... Weil ich weiß, die Bibel bezeugt die Apokalypse als Tat und Gericht Gottes, und Gott allein entscheidet über den Tag und die Stunde für sein Tun, bekenne ich weiterhin in froher Gewißheit die Botschaft des Lebens über den Tod hinaus.«[5]

Ich möchte hier nicht den Versuch unternehmen, diese Texte im einzelnen zu interpretieren und zu analysieren. Aber folgendes scheint mir dabei wichtig und – um es gleich wertend auszudrücken – schlimm zu sein.

1. Allen Autoren gemeinsam ist, daß sie um eines bestimmten Zieles willen bereit sind, den atomaren Holocaust hinzunehmen. Wenn jemals das schauerliche Wort vom »Gehen über Leichen« einen Sinn hat, dann hier. Diese vier Autoren sind bereit, um der Manifestation und der Ordnung Gottes willen, um des Sieges des Proletariates willen, um des Sieges über das böse Imperium willen, um des Gerichtes Gottes willen, die Massenvernichtung von Hunderten von Millionen Menschen in Kauf zu nehmen.

2. Interessant scheint mir zu sein, wie der Marxist Hoffmann die religiöse Sprache und den religiösen Kontext der Theorie des gerechten Krieges übernommen hat. Es handelt sich hier um ein geradezu klassisches Beispiel eines sogenannten Säkularisates, das heißt, Begriff und Sache des gerechten Krieges werden einer jahrhundertealten christentumsgeschichtlichen Tradition entnommen, ihres direkten religiösen Bezugsrahmens beraubt, aber der Sache nach beibehalten. Beides ist genauso schlimm, denn ob ich mit der Legitimation eines gerechten atomaren Krieges von russischen SS-20-Raketen oder einer Pershing II getroffen werde: beides ist gleich verheerend.

3. Bei den drei Texten von Gundlach, Reagan und Scheffler ist charakteristisch, daß sie das allein von Gott herbeizuführende Ende der Geschichte mit dem atomaren Holocaust identifizieren und sich dadurch entlasten, daß sie ihre Bereitschaft, den atomaren Holocaust zu initiieren oder hinzunehmen, auf Gott abschieben: Hier ist wirklich die Opiumsfunktion von Religion gegeben: Nicht der Mensch, sondern Gott wird verantwortlich gemacht für den atomaren Holocaust!

Nicht verschwiegen werden soll aber an dieser Stelle, daß solche christliche Autoren sich – zu Recht oder Unrecht, das sei im Moment dahingestellt – auf bestimmte biblische Traditionen berufen können. Ich denke dabei vor allem an die Aussagen des Propheten Joel: »Rufet dies aus unter den Völkern, rüstet zum Kriege, erwecket die Helden; es sollen herkommen, anrücken alle Krieger! Schmiedet eure Pflugscharen zu Schwertern und eure Rebmesser zu Spießen! Der Schwache sage: Ich bin ein Held. Erhebt euch und kommt, ihr Völker alle ringsum, und versammelt euch! Dort hinab führe o Herr, deine Helden!« (4,9–11).

Die Ideologie der Sicherheit

Was ich an diesen Texten deutlich machen wollte, ist nur die zugespitzte, am deutlichsten in Erscheinung tretende Gestalt eines verbreiteten Syndroms, das ich die Ideologie der Sicherheit nennen möchte. Wenn man den religiösen Hintergrund dieser Ideologie der Sicherheit nicht erkennt, kann man die ganze Gefährlichkeit dieser Ideologie nicht verstehen. Denn davon bin ich überzeugt: Ideologien sind immer gefährlich! Religiöse Ideologien aber sind am gefährlichsten, und zwar deshalb, weil die angebliche Berufung auf Gott und seine Gesetze es den Menschen erlaubt, alles nur überhaupt Denkbare zu tun, wirklich: über Leichen zu gehen, um das angeblich von Gott gewollte Ziel zu erreichen.

Auf einige Elemente dieser Ideologie der Sicherheit, wie sie sich vor allem im Westen darstellt, möchte ich im folgenden eingehen. Damit ist natürlich nicht gesagt, daß es diese Ideologie im Osten – in anderer Gestalt – nicht gäbe. Aber weil wir hier im Westen leben, möchte ich die westliche Gestalt dieser Ideologie der Sicherheit in einigen Elementen analysieren.

Der Imperialismus

Seit der Gründung der Vereinigten Staaten von Amerika im Jahre 1789 wurde die Vormachtstellung der Vereinigten Staaten immer auch religiös begründet.[6] Die Vereinigten Staaten von Amerika wurden als das »amerikanische Israel«, als das »Neue Zion« angesehen. Dem von Gott auserwählten Volke wurde in den Vereinigten Staaten ein neuer »Garten Eden« geschaffen. Als »Erneuerer der Welt« verstand der einflußreiche Jonathan Ewards die Menschen in den amerikanischen Kolonien. Gott habe Amerika zur Verwirklichung seines besten Planes bestimmt, führte er aus. In das Siegel der Vereinigten Staaten von Amerika wurde in Anlehnung an Virgil der Spruch aufgenommen: »Novus Ordo Seclorum«. Als »Leuchtturm für die erniedrigte und unterdrückte Menschheit« solle der neue Staat den Menschen den Weg weisen: Dieser Topos tauchte in unzähligen Abhandlungen auf, zum Beispiel auch bei Jefferson und Adams, aber auch bei Senator Banks (1866), der formulierte, daß die Vereinigten Staaten von Amerika die Aufgabe hätten, »die restliche Welt aufzuklären und zu erlösen«.

Der Zentralbegriff aber, um den sich diese ganze religiöse Legitimierung des Imperialismus immer wieder kristallisierte, war das Wort von der »manifest destiny«, der offenkundigen Berufung des nordamerikanischen Volkes durch Gott.

Wenn man sich dergestalt von Gott berufen weiß, dann kann man auch verkünden, wie es der nordamerikanische Außenminister Everett zu Beginn des 19. Jahrhunderts getan hat: »The principal of our institutions is expansion.«[7]

Wehler faßt seine Untersuchung über den nordamerikanischen Imperialismus so zusammen: »Die Geschichte der Vereinigten Staaten von Amerika ist seit ihren Anfängen eine Geschichte selten unterbrochener Expansion gewesen – eine Expansion im Innern und nach außen, in unterschiedlichen Formen und mit wechselnder Stoßrichtung. Blickt man auf die räumliche Ausbreitung und ökonomische Entfaltung, so wirkt die historische Kontinuität des amerikanischen ›Empire-Building‹ bestechend. Man kann in ihm geradezu den roten Faden erblicken, der sich durch die Entwicklung dieser ›Expanding Society‹ par excellence hindurchzieht.«[8]

Die Hinterhofideologie

Am schlimmsten waren und sind die Folgen eines solchen religiös legitimierten Imperialismus für Mittel- und Südamerika. Nach offiziellen Angaben des nordamerikanischen Kongresses[9] haben uniformierte militärische nordamerikanische Truppen in der Zeit von 1798–1969 über 150 militärische Interventionen in Lateinamerika durchgeführt. Nimmt man Maßnahmen der »Kanonenboot-Diplomatie«, von paramilitärischen Truppen, von verdeckten Destabilisierungsmaßnahmen der nordamerikanischen Regierung hinzu, so kommt man für dieselbe Zeit auf 984 Interventionen, davon 270 in Mexiko, 92 in Cuba und 343 in ganz Zentralamerika und der Karibik.[10]

Neuester Ausdruck einer solchen imperialistischen Außenpolitik in Lateinamerika ist das sogenannte »Santa-Fé-Papier« vom Mai 1980, das zur Grundlage der Lateinamerika-Politik der Reagan-Administration wurde.[11]

Simon Bolivar (1783–1830), der einigen Ländern Lateinamerikas im Kampf gegen den spanischen Kolonialismus die Freiheit gab und der zeitweise mit der nordamerikanischen Regierung kooperierte, wußte, um was es ging, als er am Ende seines Lebens niederschrieb: »Die Vereinigten Staaten scheinen von der

Vorsehung dazu auserwählt, Lateinamerika im Namen der Freiheit ins Elend zu stürzen.« Und der mexikanische Staatspräsident Porfirio Dias (1853–1915) konnte ebenfalls aus Erfahrung sprechen: »Armes Mexiko, so fern von Gott und so dicht an den USA.«[12]

Es ist offenkundig, wie sehr solche Gedankengänge einer säkularisierten, legitimierenden politischen Theologie in der heutigen nordamerikanischen Gesellschaft noch lebendig sind.[13]

Diese religiös begründete Hinterhof-Ideologie der Vereinigten Staaten von Nordamerika ist eine der wichtigsten Ursachen dafür, daß der für die Völker Mittelamerikas so leidvolle Konflikt nicht beigelegt werden kann. Wie die Bemühungen der »Contadora-Gruppe« (Mexiko, Panama, Kolumbien und Venezuela) und der »Lima-Gruppe« (Peru, Brasilien, Argentinien und Uruguay) zeigen, wären diese Staaten sehr wohl in der Lage, Frieden zu stiften, wenn die Regierung der Vereinigten Staaten von Nordamerika dies nur zuließe.

Ökonomische Interessen

Klar ersichtlich ist auch, wie sich hinter dieser religiös legitimierten Ideologie der Sicherheit immer auch massive ökonomische Interessen verbergen. Dies gilt in doppelter Hinsicht.

Zum einen ist klar ersichtlich, wie die Rüstungsspirale von der Rüstungsindustrie immer weiter nach oben gedreht wird. Es läßt sich zeigen, wie die »Strategische Verteidigungsinitiative« vor allem auch deshalb propagiert wird, weil ohne sie die nordamerikanische Rüstungsindustrie keine Gewinne mehr erzielen könnte.

Zum anderen aber gilt natürlich auch, daß hinter dem religiös begründeten Imperialismus auch massive internationale ökonomische Interessen verborgen wurden. Schon Albert Beveridge sah »Gottes großen Plan geoffenbart« in der Trinität von »Amerikas Wohlstand, Amerikas Suprematie, Amerikas Imperium«. In dieser »imperialen Republik« entstehe »das neue Eden für die Wiedergeburt der Menschheit«. Zwar bringe »uns die erste Phase persönlichen Profit«, aber langfristig gehe es doch um die »Erlösung der Welt« durch ihre Amerikanisierung. Ein nordamerikanischer Historiker drückte es ehrlicherweise so aus: »Gott dirigiert uns, vielleicht zahlt es sich auch aus.«[14]

Gefährdung des sozialen Friedens

Dieser Ideologie der Sicherheit sind keine Kosten zu hoch. So nahm die nordamerikanische Regierung im Jahre 1985 ein Haushaltsdefizit in Höhe von 150 Milliarden Dollar und ein Handelsbilanzdefizit in Höhe von rund 135 Milliarden Dollar in Kauf, um die Rüstung zu finanzieren. Das ging nicht nur auf Kosten der Armen in der »Dritten Welt«. Man riskiert auch die Gefährdung des sozialen Friedens im Inneren des Landes. Wie die nordamerikanischen katholischen Bischöfe in der zweiten Fassung ihres Hirtenbriefes »Die Armen müssen Maßstab sein« betonen, hat sich die traditionell in den Vereinigten Staaten von Amerika verbreitete strukturelle Armut durch die neuen Rüstungskosten in den letzten Jahren noch erheblich vermehrt. Aber um der Ideologie der Sicherheit willen ist man bereit, die soziale Kluft im eigenen Land zu vertiefen und den sozialen Klassenkampf zu verschärfen.

Irrationaler Overkill

Unter Overkill versteht man die Tatsache, daß die Ausstattung mit atomaren Massenvernichtungsmitteln ausreicht, um den Gegner völlig zu vernichten. Nun sollte man meinen, daß es ja eigentlich genügen würde, wenn man die Fähigkeit besitzt, den Gegner mit den eigenen atomaren Massenvernichtungsmitteln einmal zu vernichten. Die völlige Irrationalität dieses Denkens zeigt sich aber gerade darin, daß man sich mit einer solchen einfachen Overkill-Kapazität nicht zufriedengibt. So schätzt man, daß die Vereinigten Staaten von Amerika eine zwanzigfache Overkill-Kapazität besitzen: Eine der Vernunft nicht mehr zugängige Sucht nach Sicherheit, mehr noch: nach Vernichtung: ein irrsinniger Vernichtungswahn!

Strategische Verteidigungsinitiative

Zur Begründung der strategischen Verteidigungsinitiative (SDI) führte Präsident Ronald Reagan aus: »Die einzige Verteidigungswaffe, die wir heute besitzen, ist die Drohung: Wenn ihr Millionen Menschen tötet, werden wir Millionen eurer Menschen umbringen. Ich entdecke darin keinerlei Moral, und deshalb suchen wir nach Wegen, die diese Waffen hinfällig machen.«[15]

Diese Bemerkung ist insofern interessant, als Präsident Reagan selbst die Strategie der atomaren Abschreckung, die heute und auf Jahre hinaus noch das Fundament der Nato-Strategie bildet, als unmoralisch bezeichnet: Endlich einmal eine Aussage, der man nur voll und ganz zustimmen kann!

Aber darüber hinaus zeigt es sich, daß diese Ideologie der Sicherheit sich nie mit dem Status quo der Rüstung zufriedengibt, sondern die Spirale sich unaufhörlich weiterdrehen muß, damit die Rüstungskonzerne weiterhin verdienen können, damit vor allem auch der kollektive Wahn nach Sicherheit nicht verunsichert wird. Obwohl nach dem heutigen Stand der Forschung es völlig unmöglich ist, einen solchen Schutzschirm gegen die sowjetrussischen strategischen Raketen zu errichten (von dem Schutz Westeuropas wollen wir erst gar nicht reden!), sollen bis zum Jahre 1994 70 Milliarden US-Dollar in dieses Vorhaben investiert werden. Gerade auch durch diesen Plan entlarvt sich die Ideologie der Sicherheit zur Kenntlichkeit: Die Wirklichkeit wird systematisch verdrängt um ökonomischer und massenpsychologischer Interessen willen.

Der Männlichkeitswahn

Eine wichtige Komponente im Syndrom dieser Ideologie der Sicherheit ist sicher auch der jahrtausendealte Männlichkeitswahn, der auch heute noch ein Grundwert des politischen Denkens und Verhaltens ist: ein Streben nach Stärke, nach Kraft, nach Übermacht, nach Vorherrschaft, ein Protzen mit der Potenz, ein Demonstrieren der eigenen Macht.

Auf Heraklit geht das Wort zurück: »Der Krieg ist der Vater

aller Dinge, aller Dinge König«. Mit Berufung auf dieses Wort begründete der Direktor des Instituts für medizinische und naturwissenschaftliche Forschung an der Universität Tübingen in Reutlingen, Günter Hoff, in einem Hearing des Außenpolitischen und Verteidigungspolitischen Ausschusses des Deutschen Bundestages zur SDI-Forschung seine These, daß nur die Rüstungsforschung wirklichen Fortschritt in der Forschung garantieren. Es ist derselbe Geist, der in dem römischen Wort zum Ausdruck kommt: »Wenn du den Frieden willst, dann bereite den Krieg vor!«

Wäre es denn nach all den leidvollen Erfahrungen der Menschheitsgeschichte nicht endlich an der Zeit, sich von einem anderen Worte leiten zu lassen, das man so ausdrücken könnte: »Der Friede ist die Mutter aller Wirklichkeit«? Wäre es nicht an der Zeit, daß die Männer sich endlich ihrer eigenen Fraulichkeit erinnern und die Frauen ihrer eigenen Männlichkeit, daß in der Politik eben nicht nur Übermacht und Überlegenheit und Vorherrschaft eine Rolle spielen, sondern auch Nachgeben, den ersten Schritt tun, die Suche nach einem Ausgleich, die Versöhnung?

Mir hat es sehr eingeleuchtet, als eine Frauengruppe auf einer Friedensdemonstration in Tübingen im Herbst 1983 auf einem Spruchband geschrieben hat: »Wir brauchen keine neuen Raketen, wir brauchen neue Männer!«

Der Widerstand von Christinnen und Christen

Was sollen, ja was müssen Christinnen und Christen tun, die in einer weltpolitischen Situation leben, die ganz und gar von dieser immer auch religiös begründeten Ideologie der Sicherheit gekennzeichnet ist?

Der Widerstand von Christinnen und Christen gegen eine solche irrationale, ethisch in keiner Weise verantwortbare Ideologie der Sicherheit sollte sich inspirieren lassen von jener eindrucksvollen, wunderschönen Utopie des Propheten Micha: »Der Herr wird Recht sprechen zwischen vielen Völkern und Weisung geben starken Nationen bis in die Ferne; und sie werden ihre Schwerter zu Pflugscharen schmieden und ihre Spieße zu

Rebmessern. Kein Volk wird wider das andere das Schwert erheben, und sie werden den Krieg nicht mehr lernen. Sie werden ein jeder unter seinem Weinstock und unter seinem Feigenbaum sitzen, ohne daß einer sie aufschreckt« (4,3 f.).

Nach alter christlicher Tradition werden bei der Kindertaufe die Eltern und Paten gefragt: »Widersagen Sie dem Bösen, um in der Freiheit der Kinder Gottes leben zu können?« Und die Eltern und Paten antworten stellvertretend für den Täufling: »Ich widersage!«

Die Christinnen und Christen werden einem Gottesbild widersagen, das nur als Zerrbild bezeichnet werden kann: ein Moloch, um dessen Manifestation und Ordnung willen Millionen von Toten geopfert werden müssen, ein Götze, nach dessen Willen in einem grausamen Holocaust alle Menschen und die ganze Schöpfung vernichtet werden müssen. Dem steht die Aussage Jesu gegenüber, daß der von ihm verkündete Gott der Gott Abrahams, der Gott Isaaks und der Gott Jakobs sei: »Er ist doch nicht ein Gott der Toten, sondern der Gott der Lebenden!« (Mt 22,32). Der Gott, den Jesus bezeugt, ist ein Gott des Lebens, und Jesus selbst sagt von sich: »Ich bin gekommen, daß sie das Leben haben und es in Fülle haben« (Jo 10,10).

Es stellt eine Gotteslästerung dar zu behaupten, daß es Gott nur dann gutgehe, wenn die Menschen leiden; daß Gott nur dann glücklich sei, wenn der Mensch vernichtet werde; daß seine Ordnung dann gewahrt werde, wenn man die Möglichkeit eines atomaren Holocaustes in Kauf nimmt oder ihn gar entfacht; daß es sein Wille sein könne, daß seine gute Schöpfung vernichtet werde.

Gegenüber einem nicht mehr zu überbietenden Zynismus, auf dem diese Ideologie der Sicherheit beruht, gegenüber der in ihr zum Ausdruck kommenden Menschenverachtung und Menschenfeindlichkeit werden die Christinnen und Christen ihr Zeugnis abgeben von der »Menschenfreundlichkeit Gottes, die uns erschienen ist, um alle Menschen zu retten« (1 Tit 2,11). Die Menschenfreundlichkeit Gottes ist uns in Jesus von Nazareth erschienen, in seinem Reden und in seinem Tun, vor allem auch in seinem Verhalten gegenüber den Ausgestoßenen und Verachteten. In Jesus Christus hat Gott sein unwiderrufliches Ja zu jedem einzelnen Menschen gesprochen. Jeden einzelnen Menschen »kennt er beim Namen« (Ex 33,12). Wir sind mündige Töchter und Söhne Gottes geworden: »Denn alle, die sich vom Geiste Gottes leiten lassen, sind Söhne Gottes. Denn ihr habt nicht einen Geist empfangen, der euch zu Sklaven macht, so daß ihr euch immer noch fürchten müßtet, sondern ihr habt den Geist empfangen, der euch zu Söhnen macht, den Geist, in dem wir rufen: Abba, Vater!« (Röm 8,14f.).

Alle sind sich darin einig, daß die Strategie der atomaren Abschreckung nur dann wirksam ist, wenn der potentielle Gegner davon überzeugt ist, daß man selbst unter bestimmten Voraussetzungen bereit ist, die atomaren Massenvernichtungsmittel anzuwenden. Für Christinnen und Christen kann es aber unter keinerlei Bedingung sittlich erlaubt sein, auch nur mit der Möglichkeit zu rechnen, daß man selbst atomare Massenvernichtungsmittel anwendet, um den Gegner – und vermutlich auch sich selbst – total zu vernichten.

Die neueren Verlautbarungen katholischer Bischöfe und der Päpste sind sich bei allen Differenzen in dem einen Punkt einig, daß der Erstgebrauch von atomaren Massenvernichtungsmitteln unter gar keinen Umständen sittlich gerechtfertigt sein kann. Dieser Erstgebrauch, etwa von atomaren Kurzstreckenraketen, ist unter bestimmten Voraussetzungen aber konstitutiver Bestandteil der Nato-Strategie. Die Christinnen und Christen werden dieser Strategie ihren leidenschaftlichen Widerstand entgegensetzen.

Es ist auch bekannt, wie anfällig das Frühwarnsystem der NATO ist. In 18 Monaten der Jahre 1979 und 1980 wurden 147 Fehlalarme des nordamerikanischen Frühwarn- und Entscheidungssystems NORAD bekannt, davon vier Alarme bis zur zweithöchsten Alarmstufe. Aufgrund der Stationierung von atomaren Mittelstreckenraketen ist die Zeit, welche dem nordamerikanischen Präsidenten bleibt, um auf einen vermeintlichen oder wirklichen Angriff von sowjetrussischen Mittelstreckenraketen zu reagieren, auf einige wenige Minuten zusammengeschrumpft. Es stellt eine menschliche Hybris dar, einem einzelnen Menschen (oder auch einer Gruppe von wenigen Menschen) die Verantwortung zu übertragen, in wenigen Minuten über das Schicksal von Hunderten von Millionen Menschen, vielleicht der ganzen Welt, zu entscheiden. Allein diese Vorstellung, daß solche Entscheidungssituationen immer wieder Wirklichkeit werden, müßte die Menschheit dazu zwingen, atomar abzurüsten. Denn niemand wird doch um die Feststellung herumkommen, daß jeder Mensch ein ambivalentes, bedingtes und begrenztes, fehlbares Wesen ist.

Die Christinnen und Christen würden sich auch mit Entschiedenheit dagegen wenden, den atomaren Holocaust mit der Vollendung der Geschichte durch Gott am Ende der Tage zu identifizieren. Die Vollendung der Schöpfung ist allein die Tat Gottes, und von ihr gilt: »Doch jenen Tag und jene Stunde kennt niemand, auch nicht der Engel im Himmel, nicht einmal der Sohn, sondern nur der Vater« (Mt 24,36). Es ist blasphemisches Denken, wenn der Mensch sich an die Stelle Gottes setzt und durch sein ruchloses Tun meint, das Ende der Welt herbeiführen zu dürfen oder gar zu müssen.

Auf der Grundlage dieser theologischen Überlegungen ist es folgerichtig, wenn das Leitungsgremium des Reformierten Bundes in der Bundesrepublik Deutschland erklärt: »Massenvernichtungsmittel zerstören, was sie zu verteidigen vorgeben. Ihnen gilt von seiten der Christen ein aus dem Bekenntnis zu Gott dem Schöpfer, Versöhner und Erlöser gesprochenes bedingungsloses ›Nein!‹, ein ›Nein ohne jedes Ja‹.« Dem ist nichts hinzuzufügen!

Ziel des Widerstandes

Verschiedene Meinungsumfragen mit unterschiedlicher Fragestellung und zu verschiedenen Zeitpunkten haben deutlich gemacht, daß eine klare Mehrheit der Bürgerinnen und Bürger in der Bundesrepublik Deutschland gegen die Stationierung atomarer Mittelstreckenraketen ist. Das Ziel des Widerstandes von Christinnen und Christen muß es deshalb sein, in Zusammenarbeit mit Nichtchristen aus dieser vorhandenen latenten Mehrheit eine politisch relevante Mehrheit im Bundestag zu machen, welche die Stationierung atomarer Mittelstreckenraketen rückgängig macht, so schwer dies auch sein wird angesichts der völkerrechtlichen Lage und der großen politischen Macht, über welche die Regierung der Vereinigten Staaten von Amerika verfügt.

Es kann gar kein Zweifel daran bestehen, daß die Bundesregierung legal den Beschluß gefaßt hat, der Stationierung von atomaren Mittelstreckenraketen zuzustimmen. Der Bundesregierung ist aber in dieser Frage die demokratische Legitimität abzusprechen, weil keine Mehrheit der Bürgerinnen und Bürger sie hierin unterstützt und weil es keiner Regierung erlaubt ist, in einer Frage, bei der es um die Existenz eines Volkes geht, sich gegen die Mehrheit des Volkes zu entscheiden. Dies hat Kurt Biedenkopf klar und unmißverständlich mit allem Recht zum Ausdruck gebracht.

Wenn schon der niedersächsische Ministerpräsident Ernst Albrecht im Hinblick auf die Errichtung einer atomaren Wiederaufbereitungsanlage zu Recht erkannt hat, daß diese Anlage »politisch nicht durchsetzbar« sei, obwohl er über eine Mehrheit im Landtag dafür verfügte, um wieviel mehr muß dies in der Frage der Stationierung von atomaren Mittelstreckenraketen gültig sein.

Es ist möglich, eine solche politische Mehrheit im Deutschen Bundestag zu gewinnen. Es darf keine Wahlveranstaltungen im Hinblick auf die kommenden Bundestagswahlen des Jahres 1987 geben, auf welcher die Bundestagskandidatinnen und Bundestagskandidaten nicht mit der »Gretchenfrage« konfrontiert werden: »Wie hältst du es mit der Stationierung der Mittelstreckenraketen?« Die Bürgerinnen und Bürger jedes Wahlkreises müssen darauf bestehen, daß sie von den Kandidatinnen und Kandidaten in dieser Hinsicht eine klare und eindeutige Antwort erhalten. Es wird vor allem auch die Aufgabe der lokalen Gruppen der Friedensbewegung sein, in dieser Hinsicht völlige Eindeutigkeit herzustellen. Dann wird es auch gelingen, eine Mehrheit von Abgeordneten im kommenden Deutschen Bundestag zu bekommen, welche sich für den Abzug der atomaren Mittelstreckenraketen aus der Bundesrepublik Deutschland einsetzen.

Wenn dieses Ziel des Widerstandes erreicht werden soll, muß die notwendige öffentliche Bewußtseinsarbeit planvoll und zielstrebig verwirklicht werden.

Zunächst einmal muß klar sein, daß dieser Widerstand gewaltlos geschehen muß. Die Glaubwürdigkeit der Friedensbewegung steht und fällt mit diesem Prinzip der Gewaltlosigkeit. Allerdings wird man die Definition von Gewaltlosigkeit nicht den Befürwortern von atomarer Abschreckung überlassen dürfen, auch nicht unbedingt der bisher herrschenden Meinung der Rechtsprechung. Denn es widerspricht nicht nur der Logik, sondern auch der deutschen Sprache, wenn das völlig passive Sitzen vor einem Lager atomarer Massenvernichtungsmittel, das sich klar als symbolisches Zeichen des Widerstandes verstanden wissen will, als Anwendung von Gewalt bezeichnet wird.

Dieser Widerstand muß auch selbstkritisch sein, das heißt, man wird sich immer wieder selbst fragen müssen, ob die gewählten Mittel (noch) adäquat sind, um das angestrebte Ziel zu erreichen. Gerade die Christinnen und Christen sollten umkehrbereit und lernbereit sein und nicht auf einer vorgegebenen Methode unbedingt beharren.

Es kann sich auch nicht darum handeln, bestimmte Aktionen nur um eines reinen Aktivismus willen durchzuführen. Die einzelnen Aktionen müssen in ihrer Wirkung immer wieder daraufhin kritisch befragt werden, ob sie dem angestrebten Ziel wirklich dienen oder nicht.

Es genügt auch nicht, einfach *gegen* die Stationierung atomarer Mittelstreckenraketen zu sein. Es ist Aufgabe der Friedensbewegung selbst, eine defensive Friedensstrategie zu erarbeiten. In dieser Hinsicht erscheint mir die von Alfred Mechtersheimer vorgelegte »Friedensplattform ’87« mit »13 Forderungen an eine neue Friedens- und Sicherheitspolitik« außerordentlich wichtig zu sein:

»*A. Beseitigung der Massenvernichtungsmittel*
1. Abbau von Pershing II und Cruise Missiles
2. Beseitigung der atomaren Gefechtsfeldwaffen
3. Abzug der chemischen Waffen aus Mitteleuropa

B. Maßnahmen allgemeiner Abrüstung
4. Kürzung der Militärausgaben
5. Einschränkung des Streitkräfteumfangs
6. Begrenzung des Rüstungsexports

C. Sicherheitspolitische Rahmenbedingungen
7. Beseitigung der offensiven Rüstungselemente
8. Verzicht auf den Ersteinsatz von Atomwaffen
9. Ratifizierung der Zusatzprotokolle von 1977

D. Stärkung der Friedensbedingungen
10. Offenlegung der Militär- und Sicherheitspolitik
11. Demokratisierung des Wehr- und Zivildienstes
12. Errichtung eines Ministeriums für Frieden und Aussöhnung
13. Deutsch-deutsche Abrüstungskooperation als europäische Friedenspolitik.«

Darüber hinaus muß so etwas wie eine »Pädagogik des Widerstandes« erarbeitet werden. In den letzten Jahren ist es gelungen, wichtige Ansätze für eine »Entwicklungspädagogik« zu entwerfen. Analog muß es jetzt darum gehen, Methoden zu erarbeiten, wie man am wirksamsten die eigene Argumentation in der Öffentlichkeit der Bundesrepublik Deutschland vertritt, wie man die eigenen Gedankengänge überzeugend vortragen und sie vor allem auch den Befürwortern der atomaren Aufrüstung vermitteln kann.

In dieser Hinsicht scheint mir die von Ernst Tugendhat entwickelte »dialogische Aufklärung« exemplarisch zu sein.[16] Alte philosophische Traditionen aufgreifend, setzt sich Tugendhat in dieser Schrift argumentativ, »sokratisch« mit seinen Gegnern auseinander, ohne diese zu disqualifizieren, sondern indem er vielmehr Schritt für Schritt seine eigene Position verdeutlicht.

Wichtig ist auch, daß das Ziel des Widerstandes nicht rein theoretisch und abstrakt dargelegt, sondern mit den primären Alltagserfahrungen unserer Mitbürgerinnen und Mitbürger vermittelt wird. Es muß deutlich werden, daß die Abrüstung unmittelbar zu tun hat mit den alltäglichen Sorgen und Problemen der Menschen. In diesem Zusammenhang muß auch aufgezeigt werden, wie die weitere Aufrüstung auf Kosten der sozialen Interessen der Arbeitnehmerinnen und Arbeitnehmer geht, wie aber ganz im Gegenteil Abrüstungsmaßnahmen eine gerechtere Verteilung der Güter auf nationaler und internationaler Ebene mit sich bringen können.

Dabei muß es sich immer um eine handlungsorientierte Aufklärung handeln, das heißt, es muß den angesprochenen und betroffenen Menschen immer auch deutlich gemacht werden, wie sie entsprechend ihrer Fähigkeiten und Möglichkeiten vor Ort auch selbst handeln können. Mit anderen Worten: Es müssen konkrete Handlungsmuster angeboten werden.

Unter allen Umständen muß auch versucht werden, die gesellschaftliche Breite der Friedensbewegung aufrechtzuerhalten, ja noch weiter zu intensivieren. Jedes sektiererische Verhalten, jedes Streben nach Profilierung oder nach Machtzuwachs der eigenen Gruppe auf Kosten der Friedensbewegung muß verhindert werden. Vielmehr soll der biblische Grundsatz gelten: »Wer nicht gegen mich ist, ist für mich!«

Wichtig ist auch, daß die Friedensbewegung ihr Anliegen nicht nur rational darlegt, sondern versucht, es durch Symbole zu vermitteln. Die Menschenkette von Ulm nach Stuttgart hat vermutlich mehr bewirkt als eine theoretische Abhandlung. Gerade hier wird es darauf ankommen, mit viel Kreativität und Phantasie auch neue symbolische Gesten zu entwickeln.

Konkrete Möglichkeiten

Im folgenden sollen nun noch einige Möglichkeiten aufgezeigt werden, wie der Widerstand konkretisiert werden kann. Dabei wird keine Vollständigkeit angestrebt; vielmehr sollen exemplarisch einige Möglichkeiten genannt werden.

Obwohl einige Verfassungsbeschwerden gegen die Stationierung der atomaren Mittelstreckenraketen vom Bundesverfassungsgericht bereits negativ beschieden wurden, halte ich es doch für sinnvoll, weitere Verfassungsbeschwerden dieser Art einzureichen. Denn noch sind nicht alle verfassungsrechtlichen Bedenken geklärt worden. Durch solche Verfassungsbeschwerden kann auch deutlich gemacht werden, daß der Widerstand gegen die Mittelstreckenraketen sich dem Grundgesetz verpflichtet weiß.

Wichtig ist, daß der Widerstand von Christinnen und Christen sich auch auf der Ebene der kirchlichen Gemeinde artikuliert. Es dürfte keine Gemeinde geben, in der diese entscheidende Frage nicht diskutiert wird. Dies wird zwar sicher Probleme und Konflikte mit sich bringen, weil man auf der Grundlage desselben christlichen Glaubens zu unterschiedlichen, ja kontroversen Positionen gelangen kann. Da aber der christliche Glaube durch die atomare Rüstung zentral herausgefordert ist, kann sich keine christliche Gemeinde von dieser Diskussion abmelden.

Darüber hinaus darf die Diskussion über die wirksame-Sicherung des Friedens im Raum der Schulen und Hochschulen nicht verstummen. Wenn unsere Bildungsstätten nicht nur Fachwissen vermitteln wollen, sondern den ganzen Menschen ansprechen, kann diese zentrale Frage nicht ausgeklammert werden, auch wenn bestimmte Ministerien dies verboten wissen wollen.

Auch die Gewerkschaften müssen noch mehr als bisher in diese Diskussion miteinbezogen werden. Der Deutsche Gewerkschaftsbund muß – wie es Walter Jens scharfsinnig formuliert hat – seine »neue Heimat« in der Friedensbewegung finden. Dabei wird man von vornherein nicht ausschließen dürfen, daß in einer bestimmten Situation der Zeitpunkt für einen Generalstreik kommen könnte. Es wurde den deutschen Gewerkschaften zu Recht vorgeworfen, daß sie sich 1933 nicht zu einem Generalstreik entscheiden konnten, um die Machtergreifung Adolf Hitlers abzuwehren. Der Deutsche Gewerkschaftsbund muß aus dieser geschichtlichen Erfahrung lernen.

Von dem Mittel großer Massendemonstrationen sollte man sicher sparsamen Gebrauch machen. Dafür sollten aber noch mehr als bisher dezentralisierte, lokale und regionale Demonstrationen durchgeführt werden. Die Ostermärsche, gerade weil sie eine relativ lange Tradition haben, dürfen nicht aufgegeben werden.

Auch Volksbefragungen, sei es im Rahmen von Landesverfassungen, sei es selbst organisiert, sind gute Möglichkeiten, dem Willen der Bürgerinnen und Bürger Ausdruck zu verschaffen. Die Ablehnung eines Volksbegehrens durch den Staatsgerichtshof von Baden-Württemberg – mit äußerst problematischen Gründen – sollte die Friedensbewegung nicht abhalten, sich weiterhin für eine Volksbefragung zu engagieren.

Hinzu kommen müssen auch Aktionen des gewaltfreien Widerstandes als symbolische Gesten. Zwar wird man sich dabei immer wieder die Frage stellen müssen, ob diese Zeichen auch verstanden werden und was sie bewirken. Doch sind das Sich-Hinsetzen vor Lager mit atomaren Massenvernichtungsmitteln, die Arbeit nach Vorschrift, der Konsumboykott und vieles andere Möglichkeiten, welche die Ernsthaftigkeit der Betroffenen und die Reichweite des Problems zum Ausdruck bringen können.

Schluß

Die Friedensbewegung hat nach einem Höhepunkt in den Jahren 1983 und 1984 sicher einen Tiefpunkt erreicht. Eine solche Bewegung kann auch nicht immer in Hochform und in »Hochzeit« sein. Sie kann aber auch mit einem gewissen Stolz auf ihre Erfolge zurückblicken. Es gab in der Nachkriegszeit noch keine Bewegung, welche so viele Menschen erreichte und so viel Betroffenheit verursachte. Daß es eine starke Mehrheit in der Bevölkerung gegen die Stationierung der atomaren Mittelstreckenraketen gibt, ist ihr Erfolg. Sie muß aber weiter unermüdlich an dem Ziel arbeiten, eine Mehrheit des Bundestages für eine alternative Friedenspolitik zu gewinnen. Das wird möglich sein, wenn sie nicht in wehleidige Resignation verfällt, sondern sich die Menschen zum Vorbild nimmt, die sich in den Freiheitsbewegungen der »Dritten Welt« oder in Menschenrechtsgruppen in Ländern des real existierenden Sozialismus in einer viel hoffnungsloseren Situation unermüdlich engagieren. Mit Bischof Tutu aus Südafrika werden sich die Christinnen und Christen im Widerstand gegen die atomare Rüstung sagen: Wir sind Gefangene der christlichen Hoffnung!

Anmerkungen

1 G. Gundlach, Die Lehre Pius XII. vom modernen Krieg. In: Stimmen der Zeit 164 (1958/59, 1–14, hier 13).
2 H. Hoffmann, in: Streitkräfte in unserer Zeit 31 (3/1976) 35. Zitiert nach: R. Steinweg (Hg.), Der gerechte Krieg: Christentum, Islam, Marxismus, Frankfurt 1980, 163f.
3 Zit. nach: Die Zeit, 12.7.1985.
4 Zit. nach: Der Spiegel, Nr. 45/1983.
5 Zit. nach: Deutsches Allgemeines Sonntagsblatt, 20.11.1983.
6 Vgl. H.-U. Wehler, Der Aufstieg des amerikanischen Imperialismus, Göttingen 1974.
7 Wehler 12.
8 Wehler 7.
9 Vgl. vor allem Congressional Record Senate 23.6.1969, 10.9.1969, Zit. in E. Krippendorf, Die amerikanische Strategie, Frankfurt 1979.
10 Vgl. Latinamericapress, 29.4.1982.
11 Eine deutsche Übersetzung in Auszügen findet sich in: H. Frenz/N. Greinacher u. a., El Salvador – Massaker im Namen der Freiheit, Reinbek 1982.
12 Beides zitiert nach Der Spiegel, 1.2.1982.
13 Vgl. das »Dossier« von DIE ZEIT, 3.5.1985, sowie das Gespräch mit Jerry Falwell, in: Der Spiegel, Nr. 10/1984.
14 Wehler 13f.
15 Zit. nach DIE ZEIT, 3.1.1986.
16 Vgl. E. Tugendhat, Rationalität und Irrationalität der Friedensbewegung und ihrer Gegner. Versuch eines Dialogs, Berlin 1983.

»Daß es so weitergeht, ist die Katastrophe«

Wider die Normalität des öffentlichen Bewußtseins

Als Präsident Reagan am 23.3.1983 sein Programm des »Sternenkrieges«, genannt »Strategische Verteidigungsinitiative« (SDI) verkündete, nannte er die Doktrin der Abschreckung mit atomaren Massenvernichtungsmitteln unmoralisch. Ich bin froh, wenigstens an diesem Punkt Präsident Reagan voll zustimmen zu können.

In der Tat: Es ist zutiefst unmoralisch, es ist menschenverachtend, ja es ist blasphemisch, das heißt gotteslästerlich, auch nur mit dem Gedanken zu spielen, den potentiellen Gegner mit atomaren Massenvernichtungsmitteln auszulöschen, wohl wissend, daß dies auch die Vernichtung des eigenen Landes, ja eines Großteils unserer Erde bedeuten würde. Atomare Abschrekkung bedeutet, daß der potentielle Gegner davon überzeugt sein muß, daß man selbst bereit ist, unter bestimmten Voraussetzungen mit der atomaren Drohung Ernst zu machen. Wir wissen, daß Präsident Nixon nach seinen eigenen Angaben während seiner Amtszeit viermal den Einsatz von atomaren Massenvernichtungsmitteln ernsthaft erwogen hat. Wir wissen, daß innerhalb von 18 Monaten der Jahre 1979 und 1980 147 Fehlalarme des nordamerikanischen Frühwarn- und Entscheidungssystems NORAD gegeben wurden, davon vier Alarme bis zur zweithöchsten Alarmstufe.

Und da will uns Bundesaußenminister Genscher weißmachen, daß die Doktrin der atomaren Abschreckung »weder überholt noch unmoralisch« sei. Und da behauptet Präsident Reagan, die Fortsetzung des Weltraumwaffenprogramms sei eine »moralische Verpflichtung«!

Sowohl die atomare Abschreckung wie die sogenannte »Strategische Verteidigungsinitiative« sind zutiefst unmoralisch. Es ist vielmehr wahr, was die sechste Vollversammlung des ökumenischen Rates der Kirche 1983 in Vancouver / Kanada erklärt hat: »Das Konzept der Abschreckung, dessen Glaubwürdigkeit von der Möglichkeit des Einsatzes von Atomwaffen abhängt, ist aus moralischen Gründen abzulehnen und ungeeignet, Friede und Sicherheit langfristig zu wahren.«

Walter Benjamin, der scharfsinnige Intellektuelle, schrieb in seinem Essay »Zentralpark«: »Der Begriff des Fortschritts ist in der Idee der Katastrophe zu fundieren. Daß es ›so weiter‹ geht, *ist* die Katastrophe. Sie ist nicht das jeweils Bevorstehende, sondern das jeweils Gegebene. Strindbergs Gedanke: Die Hölle ist nichts, was uns bevorstünde – sondern dieses Leben hier.« Diese Sätze, zwischen April 1938 und Februar 1939 geschrieben, sind heute auf der Waldheide bei Heilbronn todernste Wirklichkeit. Da gibt es – gerade um diese Jahreswende 1985 / 86 – Demoskopen, Journalisten und Politiker, die uns immer wieder vorsagen, daß endlich nach der Wende die Normalität wieder eingekehrt sei, daß nach dem »heißen Herbst« von 1983 wieder Ruhe herrsche, ja daß aller Anlaß sei, sich dem Optimismus hinzugeben.

Ich widersetze mich dieser Normalität! Es ist nicht normal, sondern eine Katastrophe, daß es so weitergeht: Auf der Waldheide und in Mutlangen und in Großengstingen und anderswo. Die Hölle ist nichts, was uns bevorstünde – sondern dieses Leben hier: Die nordamerikanischen Soldaten, die vor einem Jahr auf der Waldheide den Tod fanden, könnten davon Zeugnis geben – wenn sie noch lebten!

Es ist nicht normal, sondern eine Katastrophe, wenn in den Zeitungen berichtet wurde, daß die NATO zum Jahreswechsel 1985 / 86 über insgesamt 140 Abschuß-Systeme mit 236 atomaren Mittelstreckenraketen und ebenso vielen atomaren Sprengkörpern in Europa verfügt. Es ist nicht normal, sondern eine Katastrophe, wenn seit 1945 weltweit 159 Kriege geführt wurden, davon 22, die seit mehr als fünf Jahren andauern.

Es ist nicht normal, sondern eine Katastrophe, wenn 1984 2,5 Billionen DM für Rüstung ausgegeben wurden, das sind fünf Millionen DM pro Minute, während in demselben Jahr nur 100 Milliarden DM für Entwicklungshilfe der öffentlichen Hand zur Verfügung standen.

Es ist nicht normal, sondern eine Katastrophe, wenn in dem heutigen Hungerkrieg jährlich mehr Menschen an Hunger sterben, als in den sechs Jahren des Zweiten Weltkrieges zusammengenommen.

Es ist nicht normal, sondern eine Katastrophe, wenn der Schuldenberg der Länder der »Dritten Welt« jetzt 2,5 Billionen DM erreicht hat, wovon vor allem die nordamerikanischen und europäischen Banken mit ihren hohen Zinsen profitieren. Es ist nicht normal, sondern eine Katastrophe, wenn die Länder der »Dritten Welt« im Jahre 1984 17 Milliarden DM mehr an die Länder des reichen Nordens an Zinsen und Tilgungen zurückgezahlt haben, als sie in demselben Jahr an Entwicklungshilfe erhielten.

Es ist nicht normal, sondern eine Katastrophe, wenn eine Milliarde Menschen (von fünf Milliarden) heute hungert, wenn 200 Millionen Kinder unter krasser Unterernährung leiden und zwischen 20 bis 40 Millionen Kinder jährlich an Hunger sterben.

Was bleibt uns angesichts dieser Katastrophe? Bischof Tutu von Südafrika sagte kürzlich: »Ich bin ein Gefangener der christlichen Hoffnung.«

Das meint keine blinde, naive Hoffnung. Das meint nicht: Es wird schon alles gut werden. Sondern das meint: Wir können es uns einfach nicht leisten zu resignieren, wir können es uns nicht leisten, uns der »Normalität« der Katastrophe passiv zu ergeben, sondern wir haben uns unermüdlich und ohne Resignation weiterhin zu engagieren, weil so viel auf dem Spiele steht: Weil es um Menschen geht.

Wenn die Mitglieder der Gruppe »Charta 77« in Prag weitermachen, wenn die Schwarzen weiterhin ankämpfen gegen die unmenschliche Rassenpolitik ihrer Regierung in Südafrika, wenn die Menschen in Guatemala und Nicaragua und El Salvador um ihre Selbständigkeit und Freiheit unermüdlich kämpfen, sollten wir es uns dann leisten können zu resignieren?

Und die Friedensbewegung hat doch Erfolge gehabt! Ich gestehe: Als ich im Frühjahr 1983 von dem Plan hörte, eine Menschenkette zwischen Stuttgart und Ulm zu bilden, sagte ich: Nun sind diese Friedensaktivisten endgültig übergeschnappt.

Aber sie haben es geschafft, und wir haben es gemeinsam geschafft. Wir haben einen Bewußtseinswandel in unserer Gesellschaft in der Frage der atomaren Abschreckung und der Stationierung von atomaren Mittelstreckenraketen herbeigeführt, der fast ein Wunder ist.

Nun kommt es darauf an, diese verbreitete Mehrheit gegen die atomare Abschreckung in eine politisch wirksame Mehrheit des Bundestages umzusetzen. Wir müssen im Bundestag von 1987 eine Mehrheit der Abgeordneten bekommen, welche sich für den Abbau der atomaren Mittelstreckenraketen, gegen die sogenannte strategische Verteidigungsinitiative und für Schritte der einseitigen Abrüstung entscheidet.

Dies muß die neue Normalität in der Bundesrepublik Deutschland werden: Keine chemischen Waffen auf dem Boden der Bundesrepublik Deutschland! Keine Pershing II und Cruise Missiles auf der Waldheide, in Mutlangen oder anderswo! Kein atomarer Sprengkopf mehr, weder in der Deutschen Demokratischen Republik noch in der Bundesrepublik Deutschland!

Zur Frage der Sittlichkeit atomarer Abschreckung

Tübingen, 7.8.1985

Lieber Herr Kollege,

gestern abend, am 40. Jahrestag des Abwurfes der ersten Atombombe über Hiroshima, habe ich im Ersten und Zweiten Fernsehprogramm die Dokumentarfilme, Berichte, Diskussion und Kommentare zu diesem Thema verfolgt. Dies hat mich zutiefst erregt und bestürzt. Wenn man diesen atomaren Holocaust, dieses bis heute andauernde tausendfache menschliche Leid sieht, ist dann Ihre Frage »Ist die atomare Abschreckung unsittlich?«[1] wirklich noch eine Frage?

Vielleicht werden Sie jetzt denken: Diese Frage darf nicht emotional, sondern muß rational, objektiv, distanziert beantwortet werden. Ich meine, daß man Ihre Frage sicher rationalargumentativ, aber auf keinen Fall ohne den Hintergrund der Erfahrung der Menschheit vom 6. August 1945 beantworten kann. Emotional und rational sind keine Gegensätze.

Es ist mir bewußt, daß ich mit diesem offenen Brief einen unkonventionellen Weg einschlage. Aber angesichts der Tatsache, daß im Kreise der Herausgeber dieser Zeitschrift mündlich und schriftlich über diese Frage diskutiert wird, angesichts der Tatsache ferner, daß Studierende unserer Fakultät gegen Ihre Thesen Einspruch erhoben und mit Ihnen darüber diskutiert haben, angesichts der Tatsache auch, daß ich öffentlich die kontradiktorische Position zu Ihnen vertrete, halte ich diesen Weg für notwendig. Wenn jemals, dann geht es bei der Beantwortung Ihrer Frage um Sein oder Nichtsein der Menschheit. Und Sie sagen ja völlig zu Recht: »Das Gespräch ist der Ort der Wahrheit.«

Sie schreiben: »Seitdem (sc. seit dem kalten Krieg der 50er Jahre) verhindert das Gleichgewicht der Abschreckung, d. h. der Fähigkeit zu einem vernichtenden Zweitschlag, den Krieg zwischen den Supermächten.« Ich habe Zweifel an dieser Aussage. Zunächst ist es logisch falsch, aus der Parallelität zweier Phänomene auf einen kausalen Zusammenhang zu schließen. Selbst wenn wir von der schrecklichen Tatsache absehen, daß es seit dem Zweiten Weltkrieg über 150 Kriege gegeben hat, in denen fast immer die beiden Supermächte indirekt involviert waren und ihre Interessen vertraten, so sprechen vor allem zwei Argumente für die Hypothese, daß der Friede (im Sinne von: Nicht-Krieg) zwischen den Supermächten *trotz* der atomaren Abschreckung erhalten blieb.

Zum einen wissen wir, daß die nordamerikanische Regierung im Korea-Krieg (1950–1953) bereits beschlossen hatte, unter bestimmten Voraussetzungen die Atomwaffen einzusetzen. Der frühere nordamerikanische Präsident Nixon hat nach eigenen Angaben während seiner Amtszeit viermal den Einsatz von Atomwaffen erwogen, unter anderem zur Beendigung des Vietnam-Krieges und des letzten Krieges zwischen Israel und Ägypten.

Zum andern ist die Gefahr eines »Atomkrieges aus Versehen« ungeheuer groß.[2] In 18 Monaten der Jahre 1979 und 1980 wurden 147 Fehlalarme des nordamerikanischen Frühwarn- und Entscheidungssystems NORAD bekannt, davon vier Alarme bis zur zweithöchsten Alarmstufe.

Vielleicht ist dies ein Grund dafür, daß auch Präsident Reagan bei der Vorstellung der »Strategischen Verteidigungsinitiative« SDI die atomare Abschreckung als unmoralisch bezeichnet hat.

Aber zurück zu Ihrer Frage: Ist die atomare Abschreckung unsittlich? Ich antworte: Ja.

Ich sehe im Augenblick davon ab, daß konstitutiver Bestandteil der gesamten Natostrategie der atomare Ersteinsatz (nicht Erstschlag!) ist, d. h., daß die Nato auch bei einem Angriff mit konventionellen Waffen unter bestimmten Voraussetzungen taktische Atomwaffen einsetzen will. Dieser atomare Ersteinsatz ist nach dem übereinstimmenden Urteil der nordamerikanischen und bundesrepublikanischen katholischen Bischöfe sittlich in keiner Weise gerechtfertigt.

Aber Sie sprechen ja von der atomaren Abschreckung, die man gekennzeichnet hat mit dem Satz: Wer als erster schießt, stirbt als zweiter. Diese atomare Abschreckung ist allerdings nur dann glaubwürdig, wenn der Gegner davon überzeugt ist, daß der Kontrahent auch wirklich bereit ist, unter bestimmten Voraussetzungen die atomaren Massenvernichtungsmittel einzusetzen. Es kann aber unter keinerlei Voraussetzung sittlich gerechtfertigt sein, atomare Massenvernichtungsmittel, welche Tod und Leid für Hunderttausende, ja für Millionen Menschen bedeuten, auch nur in Kauf zu nehmen, ja auch nur mit diesem Gedanken zu spielen. Der Zweck, den Frieden zu sichern, heiligt auch hier nicht das Mittel: das Drohen mit atomaren Massenvernichtungsmitteln mit Einschluß der Möglichkeit, sie auch anwenden zu müssen.

Auch die katholischen Bischöfe der Bundesrepublik Deutschland erkennen an: »Nukleare Abschreckung ist auf Dauer kein verläßliches Instrument der Kriegsverhütung.«[3] Unter Berufung auf die Botschaft Papst Johannes Pauls II. an die zweite Sondergeneralversammlung der Vereinten Nationen für Abrüstung 1982 dulden die Bischöfe die »Abschreckung lediglich noch als Mittel der Friedenssicherung auf einem Weg, der zur Rüstungsbegrenzung und Abrüstung führt ... Diese sittliche Tolerierung der Abschreckung, sofern auf sie zur Aufrechterhaltung der Sicherheit auf dem mühsamen Weg zur Abrüstung nicht sofort und ersatzlos verzichtet werden kann, ist an strengste Bedingungen geknüpft.«[4] Und die deutschen Bischöfe führen drei Kriterien an, »denen die Abschreckung genügen muß, wenn sie ethisch noch annehmbar sein soll.«[5]

1. Kriterium: »Bereits bestehende oder geplante militärische Mittel dürfen Kriege weder führbarer noch wahrscheinlicher machen.«[5]

Es ist kein Zweifel mehr daran erlaubt, daß die Reagan-Administration davon ausgeht, daß ein atomarer Krieg in dem Sinne führbar ist, daß er entweder auf Europa zu begrenzen sei oder er den Vereinigten Staaten von Nordamerika erlaube, als Nation zu überleben.[6] Collin S. Gray, seit August 1982 Berater von Präsident Reagan, schreibt: »Ein Nuklearkrieg ist möglich. Aber anders als Armageddon, die Prophezeihung des apokalyptischen Krieges, der die Geschichte beendet, kann der Nuklearkrieg ein weites Spektrum von möglichen Ausprägungen haben ... Wenn die amerikanische Nuklearmacht die Ziele der US-Außenpolitik unterstützen soll, müssen die USA die Fähigkeit haben, einen Nuklearkrieg rational abzuwägen.«[7] Verteidigungsminister Casper Weinberger sagte vor dem »Council on Foreign Relations«: »Wir müssen bereit sein, uns mit der militärischen Macht der Sowjetunion auseinanderzusetzen, wie immer sie eingesetzt werden sollte. Und wenn die Abschreckung versagt, müssen wir fähig sein zu gewinnen, um zu überleben.«[8]

2. Kriterium: »Nur solche und so viele militärische Mittel dürfen bereitgestellt werden, wie zum Zweck der an Kriegsverhütung orientierten Abschreckung gerade noch erforderlich sind. Insbesondere dürfen die militärischen Mittel nicht ein Überlegenheitsstreben vermuten lassen.«[9]

Aufgrund seiner sorgfältigen Studien kommt Alfred Mechtersheimer zu dem Schluß: »Das neue Abschreckungsverständnis verlangt deshalb Überlegenheit ... Die US-Regierungen haben sich immer weiter von Kissingers Paritätspolitik entfernt. Gleichgewicht ist dem neuen amerikanischen Denken nicht länger synonym für Sicherheit, sondern für Gefahr.«[10] Der bereits erwähnte Gray schreibt: »Eine echte, funktionale Parität oder eine grundlegende Gleichwertigkeit der strategischen Potentiale würden eine Katastrophe für die Vereinigten Staaten und ihre Freunde und Verbündete bedeuten.«[11]

3. Kriterium: »Alle militärischen Mittel müssen mit wirksamer beiderseitiger Rüstungsbegrenzung, Rüstungsminderung und Abrüstung vereinbar sein.«[12]

Es ist offenkundig, daß die Stationierung der nuklearen Mittelstreckenraketen in der Bundesrepublik Deutschland als vorläufig letzter Etappe der atomaren Abschreckungsstrategie des Westens eben nicht, wie vorher versprochen, zur Rüstungsbegrenzung, Rüstungsminderung und Abrüstung geführt hat, sondern ganz im Gegenteil als Konsequenz eine weitere Aufrüstung des Westens und Ostens mit sich brachte. Der bisher letzte Schritt sind die irrsinnigen Investitionen in das SDI-Programm.

Ich stelle also fest, daß die drei Bedingungen, welche die deutschen Bischöfe an die sittliche Tolerierung der Abschreckung im strengen Sinne geknüpft haben, nicht erfüllt sind und damit die Abschreckung mit atomaren Massenvernichtungsmitteln nicht mehr toleriert werden kann. Mit Recht stellt deshalb der Diözesanrat der Katholiken im Bistum Aachen in seiner Erklärung vom 22.10.1984 im Hinblick auf diese drei Kriterien der katholischen deutschen Bischöfe fest: »Wir sind auf dem Hintergrund der gegenwärtigen Situation und dieser Kriterien nach bestem Wissen und Gewissen zu der Einsicht gelangt: Aus christlicher Sicht kann das ›Prinzip‹ der Abschreckung nicht mehr länger gerechtfertigt werden.« Um der Glaubwürdigkeit der katholischen deutschen Bischöfe willen halte ich es für unerläßlich, daß sie aus ihrem genannten Hirtenbrief jetzt die Konsequenzen ziehen und dies in der Öffentlichkeit klar und deutlich zum Ausdruck bringen.

In Ihrem Artikel stützen Sie sich auch auf einige Worte von Gustav Gundlach. Ich zitiere hier den entscheidenden Abschnitt aus seinem Artikel »Die Lehre Pius XII. vom modernen Krieg«[13]: »Sogar für den möglichen Fall, wo nur noch eine Manifestation der Majestät Gottes und seiner Ordnung, die wir ihm als Menschen schulden, als Erfolg bliebe, ist Pflicht und Recht zur Verteidigung allerhöchster Güter denkbar. Ja, wenn die Welt untergehen sollte dabei, dann wäre das auch kein Argument gegen unsere Argumentation. Denn wir haben erstens sichere Gewißheit, daß die Welt nicht ewig dauert, und zweitens haben wir nicht die Verantwortung für das Ende der Welt. Wir können dann sagen, daß Gott der Herr, der uns durch seine Vorsehung in eine solche Situation hineingeführt hat oder hineinkommen ließ, wo wir dieses Treuebekenntnis zu seiner Ordnung ablegen müssen, dann auch die Verantwortung übernimmt.«

Ich finde diese Aussagen ungeheuerlich, und dies vor allem aus zwei Gründen. Zum einen wird hier unter der Hand die blasphemische Tat derjenigen, die einen atomaren Holocaust ins Werk setzen, Gott übertragen. Zum andern aber wird hier Gott in der Tat zu einem Moloch gemacht. Gott, nach dessen Willen Hiroshima oder Nagasaki oder Moskau, ja die ganze Welt untergehen kann, damit seine Ordnung gewahrt wird: Ich weigere mich, an einen solchen Gott zu glauben. Ich kann in solchen Äußerungen auch nicht im geringsten den Gott erkennen, den Jesus von Nazaret bezeugt hat und den er seinen und unseren Vater nannte.

Ich bin mit Ihnen natürlich der Überzeugung, daß Recht, Freiheit und Menschenwürde hohe Werte darstellen. Aber Sie wissen so gut wie ich, daß diese Werte nie und nimmer vollkommen verwirklicht werden. Ich stimme mit Ihnen vermutlich darin überein, daß es angenehmer und leichter ist, in Tübingen Theologie zu treiben als in Moskau, Budapest, Warschau oder Erfurt. Anders ausgedrückt: Ich stimme mit Ihnen überein, daß es einen qualitativen Unterschied gibt in der Verwirklichung von Recht, Freiheit und Menschenwürde in Ost und West. Dies erfahre ich ja immer wieder auf meinen Reisen. Aber Sie werden doch im Ernst nicht fordern wollen, um dieser Differenz in der Verwirklichung dieser Werte willen einen atomaren Holocaust auch nur in Erwägung zu ziehen. Wenn Sie wollen, können Sie diesen meinen Standpunkt – verkürzt und vereinfachend – mit dem Schlagwort »lieber rot als tot« bezeichnen. Ich erkenne meine Position aber besser wiedergegeben in dem Wort von Gustav Heinemann: »Lieber tot als Massenmörder.«

Einen letzten Gesichtspunkt möchte ich noch hinzufügen. Nach Angaben des Stockholmer Instituts für Friedensforschung SIPRI wurden 1984 in der ganzen Welt 2,5 Billionen DM für die Rüstung ausgegeben. Die Entwicklungshilfe der öffentlichen Hand in den industrialisierten Ländern (einschließlich des Ostblocks) belief sich aber 1984 nur auf rund 100 Milliarden DM. Angesichts dieser Situation muß man der Aussage zustimmen, welche der ständige Vertreter des Vatikans bei den Vereinten Nationen, Giovanni Cheli, vor der UNO-Sonderkommission für Abrüstung getan hat: »Auch wenn sie unverwendet bleiben, töten die Waffen durch ihre hohen Kosten die Armen oder lassen sie verhungern.«[14]

Lieber Herr Kollege! Wissen Sie eigentlich, daß 25 Kilometer von unseren Wohnungen entfernt in Großengstingen sechs Lance-Raketen stationiert sind, die zusammen die zwölffache Wirkung der Hiroshima-Bombe haben? Man kann die ganze Anlage mit den Bunkertüren, hinter denen die Raketen liegen, gut einsehen. Diese Raketen haben eine Reichweite von ca. 120 Kilometern. Das entspricht etwa der Entfernung bis Augsburg. Ich gestehe Ihnen: Seit ich um diese Tatsache weiß, ist dies eine bleibende Dimension meines Lebens geworden.

Was kann man als Christ und Bürger angesichts dieser Sachlage tun? Ich habe – zusammen mit 29 Professoren der Universität Tübingen – eine Beschwerde beim Bundesverfassungsgericht eingereicht – bisher ohne Entscheidung. Ich habe unzählige Gottesdienste, Vorträge und Reden über diese Frage gehalten und viele Artikel darüber geschrieben. Ich habe an der Menschenkette zwischen Ulm und Stuttgart am 22. Oktober 1983 teilgenommen. Und ich habe am 24. Juni 1984 – zusammen mit zwei Professoren der Universität Tübingen und anderen Freundinnen und Freunden – eine symbolische Demonstration vor dem Gelände in Mutlangen durchgeführt, wo Pershing II gelagert sind. Ich bin deswegen – noch nicht rechtskräftig – verurteilt worden. Ich bete täglich, daß Gott den Verantwortlichen genug Einsicht und Vernunft gewähre, um die Menschheit vor dem atomaren Holocaust zu bewahren.

Herzliche Grüße von Ihrem
gez. Norbert Greinacher

Anmerkungen

1 Theologische Quartalschrift 165/1985/53–55.

2 Vgl. B. W. Kubbig, Den Begriff »Atomkrieg aus Versehen« weiter fassen, in: *Frankfurter Rundschau*, 28. und 30.4.1985; vgl. auch Verfassungsbeschwerde gegen den Betrieb von Frühwarn- und Entscheidungssystemen für atomare militärische Auseinandersetzung in Europa, eingebracht von fünf Professoren der Informatik am 14.11.1983.

3 Gerechtigkeit schafft Frieden. Wort der Deutschen Bischofskonferenz vom 18.4.1983, Hg. vom Sekretariat der Deutschen Bischofskonferenz, Bonn 1983, 52.

4 Ebd.

5 Ebd.

6 Vgl. dazu: R. Scheer, Und brennend stürzen Vögel vom Himmel, Reagan und der »begrenzte« Atomkrieg, München 1983; A. Mechtersheimer/P. Barth (Hg.), Den Atomkrieg führbar und gewinnbar machen? Dokumente zur Nachrüstung 2, Reinbek 1983; A. Mechtersheimer, Rüstung und Frieden, Argumente für eine neue Sicherheitspolitik, Reinbek 1984.

7 C.S. Gray/K. Payne, Victory is possible, in: Foreign Policy, Nr. 3g (Sommer 1980), 14–27. Vgl. auch C.S. Gray, Nuclear Strategy and the Case for a Theory of Victory. In: International Security, Vol. 4, No. 1/1979.
8 Wireless Bulletin from Washington, 18.6.1981.
9 Gerechtigkeit schafft Frieden, 54.
10 Mechtersheimer 50, 54.
11 C.S. Gray in: Blätter für deutsche und internationale Politik, Nr. 10/1982/1252.
12 Gerechtigkeit schafft Frieden, 54.
13 G. Gundlach, Die Lehre Pius XII. vom modernen Krieg, in: Stimmen der Zeit 164/1958/59. 1–14, hier 13.
14 *L'Osservatore Romano* vom 3.9.1976; deutsch in: P. Eicher/Hg./, Das Evangelium des Friedens, München 1982, 189–195, hier 190.

Nachweise

Theologie der Befreiung als Herausforderung für die Christen in der »Ersten Welt«: Überarbeitete Fassung eines Artikels in der *Theologischen Quartalschrift Tübingen, 160* (1980, 242–256).

Der Konflikt um die Theologie der Befreiung: Überarbeiteter Text eines Vortrages, gehalten am 15.7.1985 in der Universität Heidelberg im Rahmen des »studium generale«.

Der Schrei des Volkes nach Gerechtigkeit in Guatemala, El Salvador und Nicaragua: Bericht einer Reise, die der Autor im Herbst 1985 unternahm. Zuerst veröffentlicht in *Frankfurter Rundschau*, 25.10.1985.

»Wer den Armen das Brot vorenthält, ist ein Blutsauger«. Predigt, gehalten im Juni 1985 in Tübingen.

Die ökologische Krise und die Christen: Überarbeiteter Text eines Vortrages, der am 16.7.1984 im Rahmen der Ringvorlesung der Katholisch-Theologischen Fakultät der Universität Tübingen »Wer möchte leben ohne den Trost der Bäume!« gehalten wurde.

Der behinderte Mensch als Herausforderung für die Christen: Überarbeiteter Text eines Referates auf dem Symposion der Universität Tübingen »Orte zum Leben?«, 13.–16.3.1984.

Kirche: Charisma und Macht: Überarbeiteter Text eines Vortrages auf dem Deutschen Evangelischen Kirchentag, Düsseldorf, 7.6.1985.

Theologie der Befreiung in der »Ersten Welt«: Erstveröffentlichung in *Concilium 22* (Okt. 1986).

Leben gegen die Raketen: Überarbeiteter Text eines Vortrages, der zuletzt am 19.6.1986 an der Universität München gehalten wurde.

»Daß es so weitergeht, ist die Katastrophe«: Rede am 11.1.1986 auf einer öffentlichen Kundgebung auf dem Kiliansplatz in Heilbronn.

Zur Frage der Sittlichkeit atomarer Abschreckung: Offener Brief an einen Kollegen, veröffentlicht in der *Theologischen Quartalschrift Tübingen 165* (1985), 314–317.

Katholische Kirche – wohin?
Wider den Verrat am Konzil

Herausgegeben von Norbert Greinacher und Hans Küng.
1986. 467 Seiten. Serie Piper 488

Zwanzig Jahre nach dem II. Vatikanischen Konzil stellen sich immer mehr kritische Katholiken die Frage: Wohin steuert die katholische Kirche unter Johannes Paul II.? Immer stärker in eine Restauration der »alten«, vorkonzilianischen Kirche – oder gibt es eine Chance, den Aufbruch des Konzils fortzusetzen? Bekannte Theologen und kritische Christen nehmen hier eine Bestandsaufnahme der gegenwärtigen Kirche vor.
Unter anderem schreiben: Leonardo Boff, Georg Denzler, Norbert Greinacher, Herbert Haag, Jean-Pierre Jossua, Hans Küng, Dietmar Mieth, Luise Rinser.